使いやすい！教えやすい！家庭学習に最適の問題集！

ノートルダム清心
女子大学附属小学校

2019~2021 年度過去問題を掲載

朝日塾小学校

2020・2021 年度過去問題を掲載

2022 年度版

過去問題集

<問題集の効果的な使い方>

①お子さまの学習を始める前に、まずは保護者の方が「入試問題」の傾向や難しさを確認・把握します。その際、すべての「学習のポイント」にも目を通しましょう。

②入試に必要なさまざまな分野学習を先に行い、基礎学力を養ってください。

③学力の定着が窺えたら「過去問題」にチャレンジ！

④お子さまの得意・苦手がわかったら、さらに分野学習を進め、レベルアップを図りましょう！

必ずおさえたい問題集

ノートルダム清心女子大学附属小学校

常識	Ｊｒ・ウォッチャー 11「いろいろな仲間」
数量	Ｊｒ・ウォッチャー 14「数える」
図形	Ｊｒ・ウォッチャー 4「同図形探し」
記憶	Ｊｒ・ウォッチャー 20「見る記憶・聴く記憶」
行動観察	Ｊｒ・ウォッチャー 29「行動観察」

朝日塾小学校

お話の記憶	1話5分の読み聞かせお話集①・②
図形	Ｊｒ・ウォッチャー 1「点・線図形」
常識	Ｊｒ・ウォッチャー 30「生活習慣」
数量	Ｊｒ・ウォッチャー 14「数える」
制作	Ｊｒ・ウォッチャー 23「切る・貼る・塗る」

●資料提供●

地球ランド

ISBN978-4-7761-5393-1

C6037 ¥2500E

9784776153931

定価　2,750円
（本体2,500円＋税10％）

1926037025009

日本学習図書　ニチガク

ニチガク式学習支援!!　　　　日本学習図書（ニチガク）

ニチガクの家庭学習支援

Web学習サポートサービス

こんなこと…ありませんか？

「ニチガクの問題集…買ったはいいけど、、、
この問題の教え方がわからない（汗）」

メールでお悩み解決します！

☆ ホームページ内の専用フォームで必要事項を入力！
☆ 教え方に困っているニチガクの問題を教えてください！
☆ 確認終了後、具体的な指導方法をメールでご返信！
☆ 全国どこでも！スマホでも！ぜひご活用ください！

＜質問回答例＞

学習のポイント

推理分野の学習では、後の学習に活きる思考力を養うことができます。ご家庭で指導する場合にも、テクニックにたよらず、保護者の方が先に基本的な考え方を理解した上で、お子さまによく考えさせることを大切にして指導してください。

Q.「お子さまによく考えさせることを大切にして指導してください」と学習のポイントにありますが、考える習慣をつけさせるためには、具体的にどのようにしたらいいですか？

A. お子さまが考える時間を持てるように、質問の仕方と、タイミングに工夫をしてみてください。
たとえば、「答えはあっているけど、どうやってその答えを見つけたの」「答えは○○なんだけど、どうしてだと思う？」という感じです。はじめのうちは、「必ず30秒考えてから手を動かす」などのルールを決める方法もおすすめです。

まずは、ホームページへアクセスしてください!!

http://www.nichigaku.jp　日本学習図書　検索

目指せ！合格！ 家庭学習ガイド
ノートルダム清心女子大学附属小学校

ペーパー　行動観察　保護者面接

入試情報

出題形態：ペーパー、ノンペーパー
面　　接：あり（保護者面接）
出題領域：ペーパーテスト（記憶・数量・言語・推理・図形・常識）、行動観察

受験にあたって

2021年度の入学試験では、ペーパーテスト、保護者面接、行動観察が行われました。

ペーパーテストは、**お話の記憶**、**数量**、**言語**、**図形**、**推理**、**常識**の分野から出題されています。言語ではしりとりの問題、推理では欠けているものの足りない部分を指摘する問題が出されました。

試験は、生活体験の多少により差が出る内容になっています。ペーパー学習だけでなく、体験を１つひとつ積み重ねていくことで、お子さまが生きた知識を獲得し、理解を深めていけるようにしましょう。机に向かって改まって学習するだけでなく、親子で言葉遊びをしたり、物を数える体験をさせるなど、ふだんの生活の中のありふれた遊びや作業を通して学ぶことを心がけてください。

保護者面接では例年、通学方法や志願者の長所・短所、家庭内の約束事などが聞かれています。平素から家庭でこれらの話題について話し合う機会を持ち、親子の間で意見を一致させておきましょう。いわゆるマニュアル通りの回答をするのではなく、親子の生活での具体例などを盛りこみ、ご家庭の様子を伝えられれば、学校側に好印象を与えることができるでしょう。

目指せ！合格！

家庭学習ガイド
朝日塾小学校

ペーパー　絵画　制作　行動観察　運動　保護者面接

入試情報

出題形態：ペーパー、ノンペーパー
面　　接：あり（保護者面接）
出題領域：ペーパーテスト（お話の記憶、常識、言語、数量、図形など）、制作、行動観察、運動

受験にあたって

当校のペーパーテストは、広い範囲から多くの問題が出題されることが特徴です。2021年度も、**お話の記憶**、**常識**、**言語**、**図形**、**数量**と幅広い分野から出題されました。

出題傾向としては、例年とほとんど変わっていません。過去問題を解き、傾向をしっかりつかんだ上で、図形の合成や模写などの問題も取り組むことをおすすめします。難易度については、一部の問題を除いてそれほど高くありません。基礎をしっかり身に付けることを意識してください。ただし設問数が多いので、お子さまには集中力と粘り強さが求められます。メリハリを付けた指導と、時間・ペーパー枚数を決めて学習をするなどの工夫をするとよいでしょう。

ペーパーテスト以外では、例年、**制作**、**運動**、**行動観察**の課題が出題されています。1度に複数の指示を出される課題が多いようですので、ご家庭でも何度も同じことを言わないことを徹底すると、お子さまの聞く姿勢が養われるでしょう。

制作の問題では、絵を書いている間に、質問をするという場合があります。日頃の学習では、何を書いているのか、その説明をできるようにしておくとよいでしょう。

ノートルダム清心女子大学附属小学校
朝日塾小学校

過去問題集

〈はじめに〉

現在、少子化が叫ばれているにもかかわらず、私立・国立小学校には一定の応募者があります。このような状況では、ただやみくもに学習をするだけでは合格は見えてきません。志望校の過去における出題傾向を研究・把握した上で、学習を進めていくこと、その上で試験までに志願者の不得意分野を克服していく事が必須条件です。そこで、本問題集は小学校を受験される方々に、志望校の出題傾向をより詳しく知っていただくために、過去に遡り、出題頻度の高い問題を結集いたしました。最新のデータを含む精選された過去問題集で実力をお付けください。

〈本書ご使用方法〉

◆出題者は出題前に一度問題を通読し、出題内容などを把握した上で、〈 **準 備** 〉の欄に表記してあるものを用意してから始めてください。

◆お子さまに絵の頁を渡し、出題者が問題文を読む形式で出題してください。ただし、問題を読んだ後で、絵の頁を渡す問題もありますので注意してください。

◆「**分野**」は、問題の分野を表しています。弊社の問題集の分野に対応していますので、復習の際の目安にお役立てください。

◆一部の描画や工作、常識等の問題については、解答が省略されているものがあります。お子さまの答えが成り立つか、出題者が各自でご判断ください。

◆〈 **時 間** 〉につきましては、目安とお考えください。

◆〈 **学習のポイント** 〉は、指導の際のご参考にしてください。

〈本書ご使用にあたっての注意点〉

◆文中に **この問題の絵は縦に使用してください。** と記載してある問題の絵は縦にしてお使いください。

◆〈 **準 備** 〉の欄で、クーピーペン、またはクレヨンと表記してある場合は12色程度の物を、画用紙と表記してある場合は白い画用紙をご用意ください。

◆文中に **この問題の絵はありません。** と記載してある問題には絵の頁がありませんので、ご注意ください。なお、問題の絵の右上にある番号が連番でなくても、中央下の頁番号が連番の場合は落丁ではありません。

下記一覧表の●が付いている問題は絵がありません。

問題1	問題2	問題3	問題4	問題5	問題6	問題7	問題8	問題9	問題10
							●	●	
問題11	問題12	問題13	問題14	問題15	問題16	問題17	問題18	問題19	問題20
							●		
問題21	問題22	問題23	問題24	問題25	問題26	問題27	問題28	問題29	問題30
問題31	問題32	問題33	問題34	問題35	問題36	問題37	問題38	問題39	問題40
					●				
問題41	問題42	問題43	問題44	問題45	問題46				
					●				

〈ノートルダム清心女子大学附属小学校〉

※問題を始める前に、本文の「家庭学習ガイド」「本書ご使用方法」「ご使用にあたっての注意点」をご覧ください。

2021年度の最新問題

問題1　分野：お話の記憶

〈準　備〉　クーピーペン（黒）

〈問　題〉　今日は、動物村の運動会の日です。朝から、青空のよいお天気だったので、ウサギのミミちゃんはうれしくなりました。運動会をする広場に行くとクマさんが「おはようミミちゃん。いいお天気でよかったね。ミミちゃんは今日何をするの？」「今日私はかけっこに出るの」と答えました。「ぼくは綱引きだよ」とクマさんは答えました。運動会が始まりました。最初は玉入れです。リスくんとサルくんは赤い玉を入れ、ネコさんとシカさんは白い玉を入れています。両方ともたくさん玉を入れましたが、どうやらリスくんとサルくんの方が多く入れたようです。次はかけっこです。ミミちゃんは、タヌキくん、リスくん、イヌさんといっしょに走って１着になりました。最後は綱引きです。くまさんチームはタヌキくん、イヌさん。サルくんチームはリスくんとシカさんとネコさんです。クマさんの力が強かったのであっという間にクマさんチームの勝ちになりました。するとサルくんが「ミミちゃん、こっちに入ってよ」とミミちゃんに頼みました。ミミちゃんがサルくんチームに入るといい勝負になりましたが、結局クマさんチームが勝ちました。

①お話に出てきた動物に○をつけてください。

〈時　間〉　１分

問題2　分野：数量（積み木）

〈準　備〉　クーピーペン（黒）

〈問　題〉　①②③それぞれの段の左の四角にある積み木の数だけ右の四角に○を書いてください。
④⑤左と真ん中の四角にある積み木をたすといくつになりますか。右の四角にその数だけ○を書いてください。

〈時　間〉　各30秒

問題3　分野：数量（比較）

〈準備〉　クーピーペン（黒）

〈問題〉　①②それぞれの段の四角の中に描かれたものの中で、２番目に数が多いものに○をつけてください。
③④それぞれの段の四角の中に描かれたものの中で、２番目に数が少ないものに○をつけてください。

〈時間〉　各20秒

問題4　分野：言語（しりとり）

〈準備〉　クーピーペン（黒）

〈問題〉　左の「鉛筆」からしりとりをした時、空いている四角には何の絵が入るでしょう。下の四角から選んで○をつけてください。

〈時間〉　１分

問題5　分野：図形（点・線図形）

〈準備〉　クーピーペン（黒）

〈問題〉　左の四角に描いてあるお手本のように右の四角の点を線でつないでください。

〈時間〉　各30秒

問題6　分野：図形（合成）

〈準備〉　クーピーペン（黒）

〈問題〉　左の四角に描いてある影は、右の四角に描いてあるもののいくつかを重ねた影です。影になっているものを右の四角から選んで○をつけてください。

〈時間〉　各20秒

問題7　分野：運動

〈準備〉　平均台、ボール（ドッジボール用）

〈問題〉　①平均台を歩いて渡ってください。
②（７人程度のグループで行う。あらかじめ志願者１人ひとりの配置を適宜割り振っておく）
「転がしドッジボール」をします。枠の外の人が「オニ」になって、ボールを投げずに転がして向こう側のオニに渡します。枠の中の人の足にボールが当たったら、その人は外へ出てオニになり、ボールを転がした人と交代してください。ルールを守ってゲームをしましょう。

〈時間〉　適宜

問題8　分野：行動観察

〈準備〉　紙コップ（約20個程度）

〈問題〉　**この問題の絵はありません。**
４人程度のグループになって、協力して、できるだけ高く紙コップのタワーを作ってください。

〈時間〉　５分

問題9　分野：面接（保護者面接）

〈準備〉　なし

〈問題〉　**この問題の絵はありません。**

・当校への志願理由を教えてください。
・どんなお子さまですか。
・今、お子さまが夢中になっていることは何ですか。
・学校でお子さまがお友だちとトラブルになった場合、どのように対処されますか。

〈時間〉　５分

家庭学習のコツ①　「家庭学習ガイド」はママの味方！

問題演習を始める前に、試験の概要をまとめた「家庭学習ガイド（本書カラーページに掲載）」を読みましょう。「家庭学習ガイド」には、応募者数や試験科目の詳細のほか、学習を進める上で重要な情報が掲載されています。それらの情報で入試の傾向をつかみ、学習の方針を立ててから、対策学習を始めてください。

☆ ノートルダム清心女子大学附属小学校

2022 年度　ノートルダム清心・朝日塾　過去　無断複製／転載を禁ずる　　日本学習図書株式会社

問題 2

①

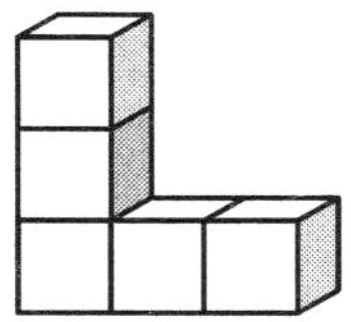

②

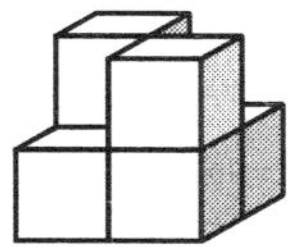

③

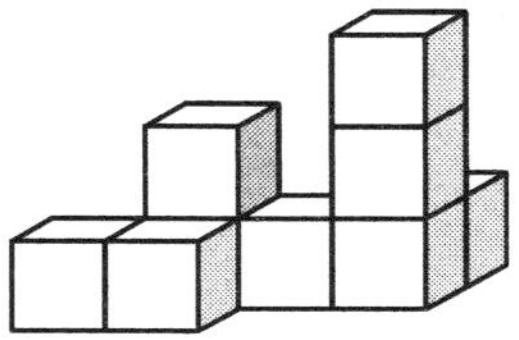

④

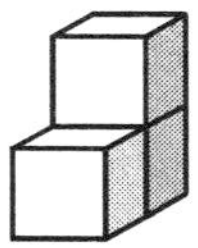

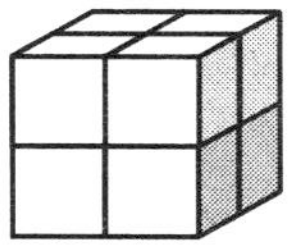

⑤

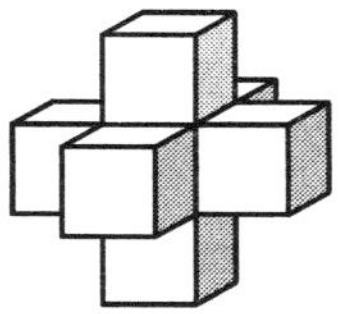

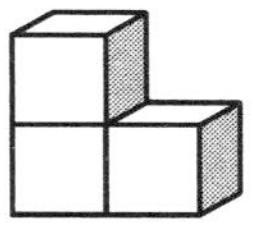

問題3

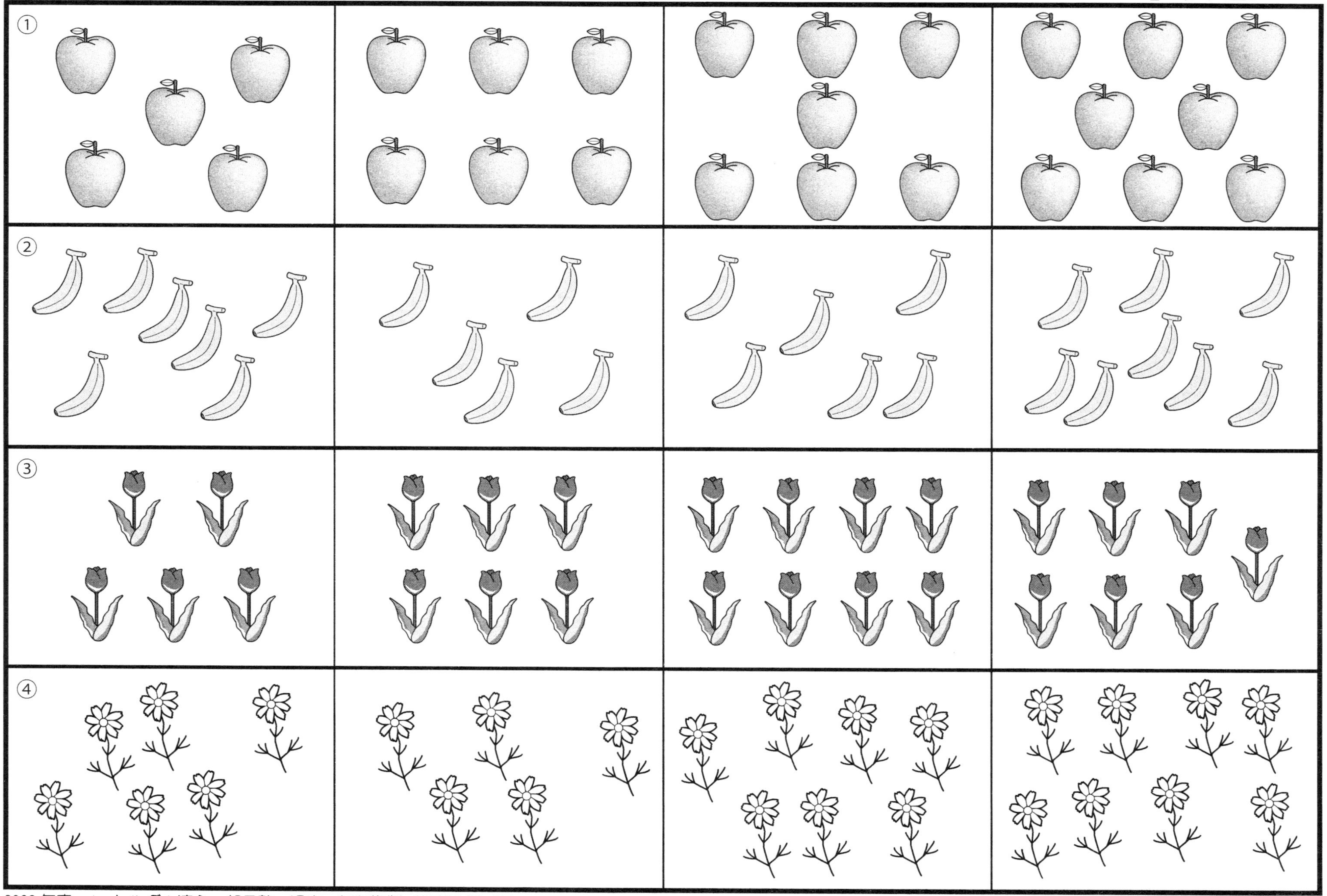

問題 4

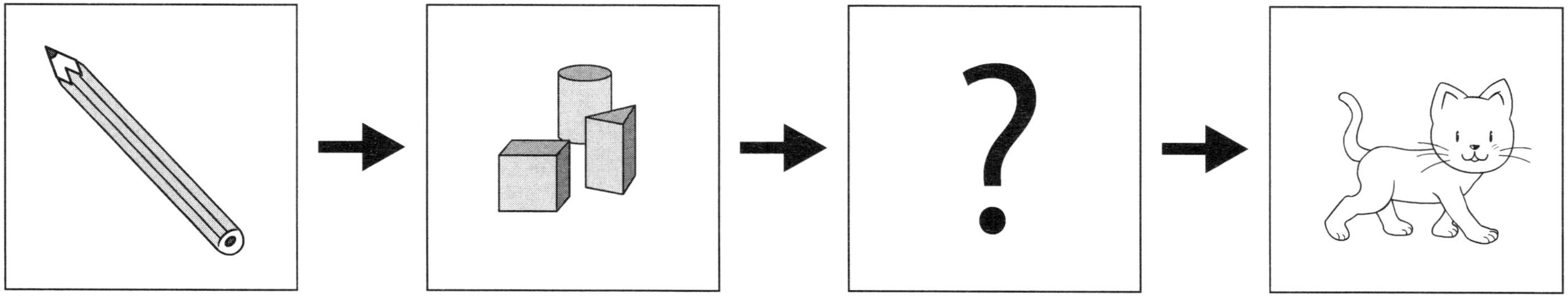

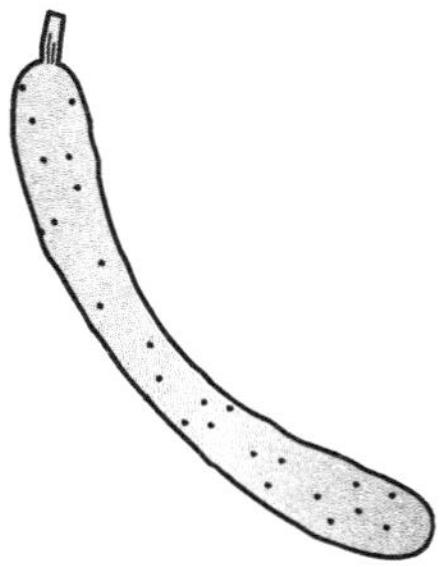

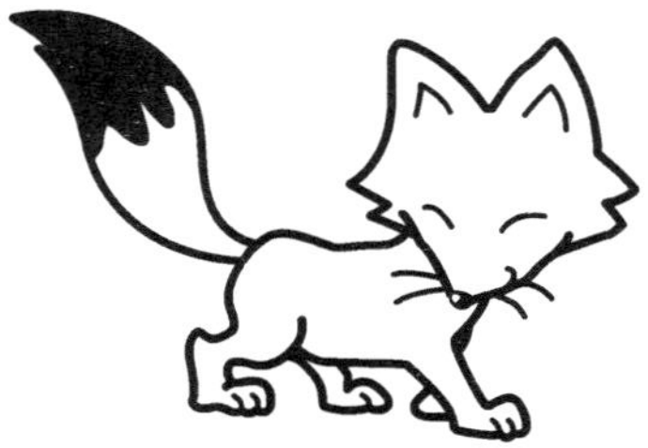

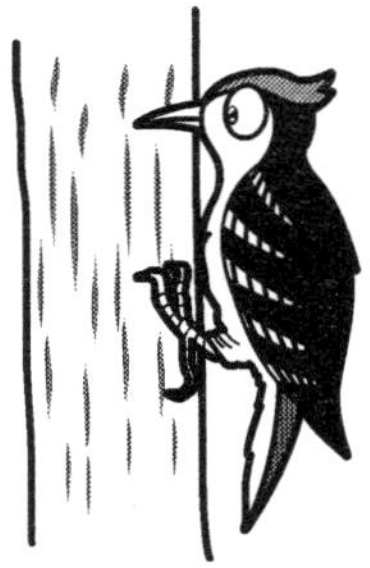

問題５

①

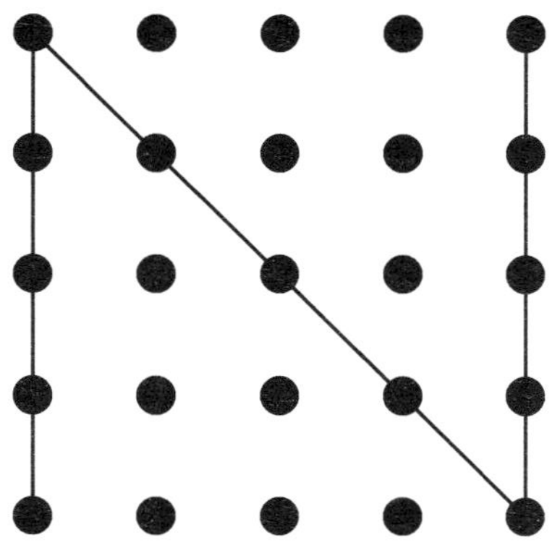

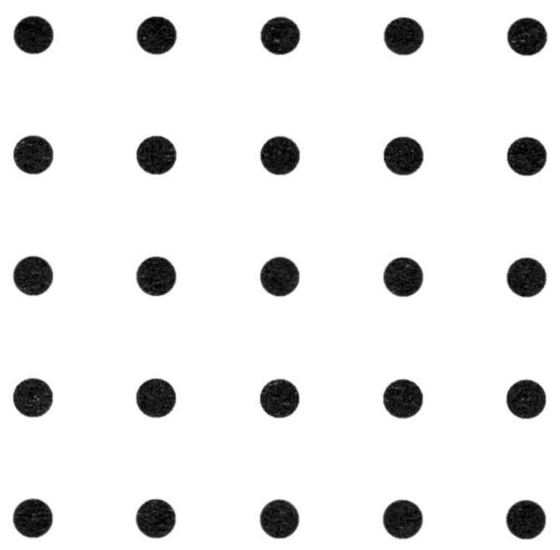

②

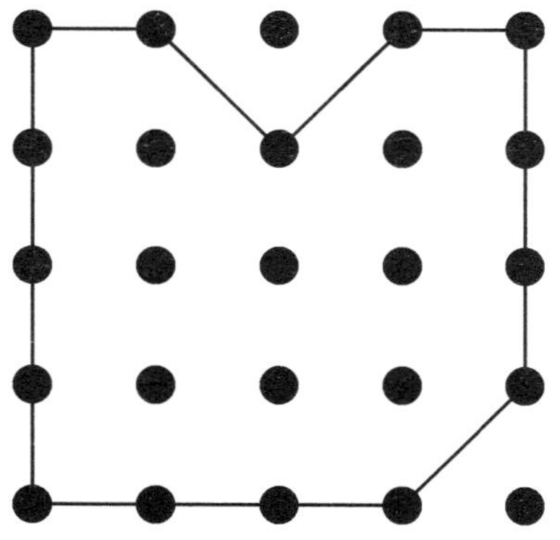

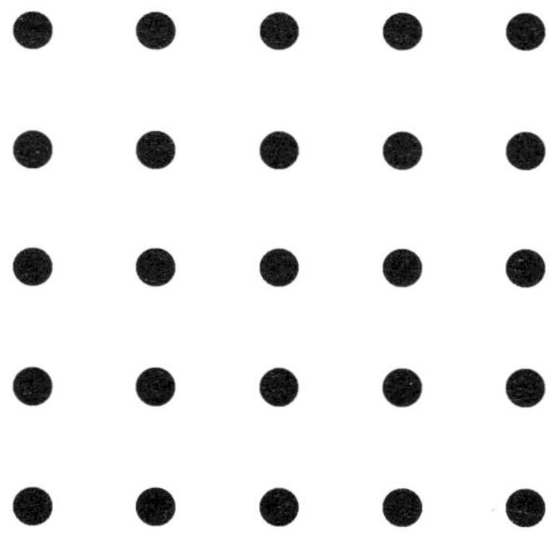

問題6

☆ノートルダム清心女子大学附属小学校

① ②

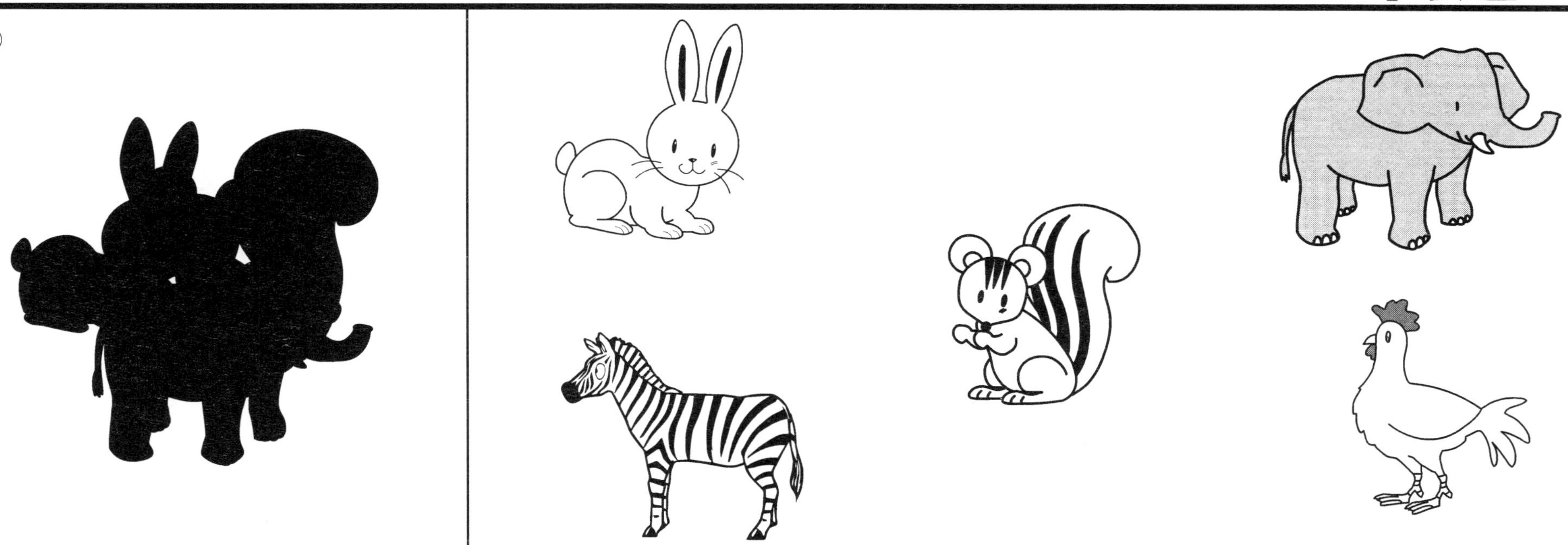

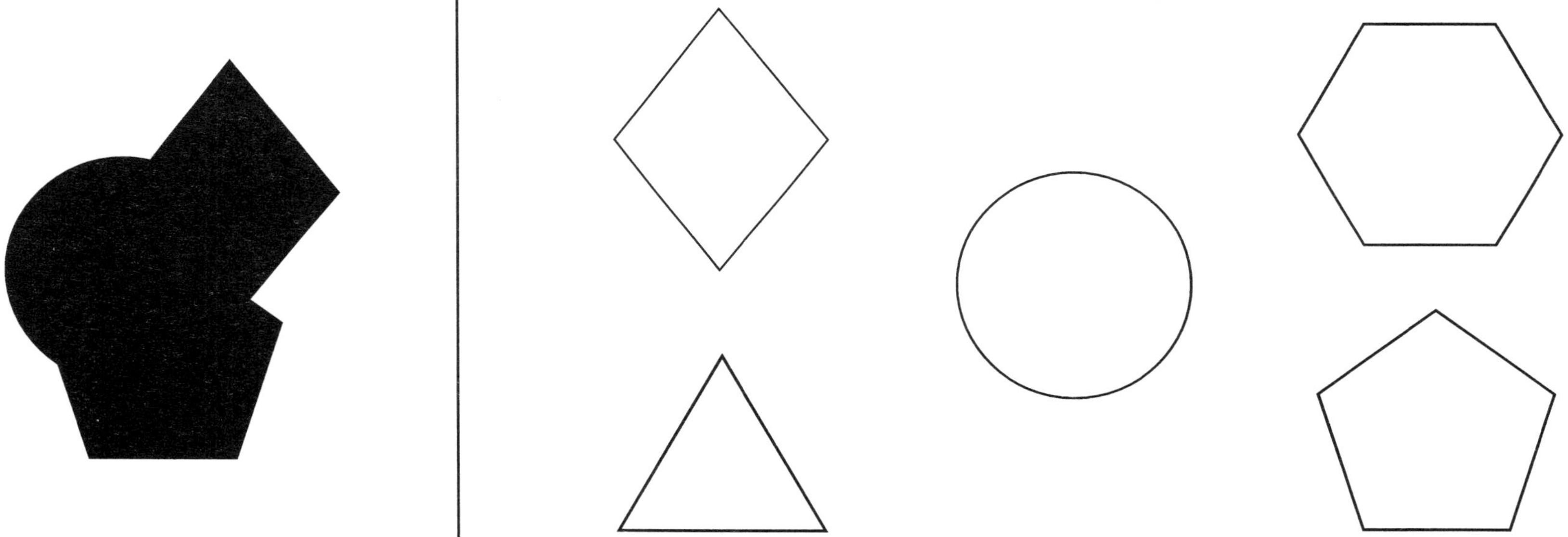

問題７

2021年度入試
解答例・学習アドバイス

解答例では、制作・巧緻性・行動観察・運動といった分野の問題の答えは省略されています。こうした問題では、各問のアドバイスを参照し、保護者の方がお子さまの答えを判断してください。

問題1　分野：お話の記憶

〈解 答〉　○：クマ、ウサギ、リス

当校ではめずらしく「お話の記憶」の問題が出題されました。お話そのものは標準の長さですが、聞かれるのは「登場した動物に○」という質問だけですから、基礎的な問題と言ってよいでしょう。漫然と聞いていても答えられる問題です。当校のみの受験ということなら特に対策の必要はありませんが、他校を受験する入学前の学習として実りあるものにするなら、「誰が」「何を」「どうやって」「～した」といったお話のポイントを押さえる聞き方を学んでおきましょう。これを学んでおけば、複雑なお話にも対応できるだけではなく、小学校に入学してからの学習にも役立ちます。

【おすすめ問題集】
　1話5分の読み聞かせお話集①・②、1話7分の読み聞かせお話集入試実践編①
　お話の記憶 初級編・中級編・上級編、Jr・ウォッチャー19「お話の記憶」

問題2　分野：数量（積み木）

〈解答〉　①○：5　②○：6　③○：9　④○：11　⑤○：10

小学校受験の数量では、10程度が数えられればたいていの問題には対応できるので、まずはそこから始めましょう。積み木の数を数えるのも同じで、数えられればなんとか答えられるはずです。つまずくとすれば「ほかの積み木の陰になって見えない積み木」に気が付かなかった場合でしょう。当たり前ですが、積み重ねれられた積み木の下の部分にはそういった積み木がある場合が多いので注意してください。また、立体を感覚的に把握するという意味でも積み木に親しんでおくと将来の学習に役立つことが多くなります。

【おすすめ問題集】
　Ｊｒ・ウォッチャー16「積み木」

問題3　分野：数量（比較）

〈解答〉　①○：右から２番目　②○：左端　③○：左から２番目　④○：左端

数量の問題は今年からは「２番目に多い（少ない）」という問題に変更されました。昨年までの１番多い（少ない）という問題よりは難しいのですが、ひと目で「ＡよりＢが多い」という判断ができるお子さまなら、それほど難しい問題ではなかったかもしれません。小学校受験では「集合Ａより集合Ｂの方が多い（少ない）と感覚的に判断しないと余裕を持って答えられない」という場合があります。本問では１つの四角にあるものを１つひとつ数えていっても時間内に答えられるかもしれませんが、余裕がなくなるだけでなく、ケアレスミスも起こしやすくなるので、「ひと目で判断できる」という感覚を持つことを目指してください。

【おすすめ問題集】
　Ｊｒ・ウォッチャー14「数える」、15「比較」、58「比較②」

問題4　分野：言語（しりとり）

〈解 答〉　○：キツネ

言語は当校の頻出分野です。それほど難しい問題は出ないので、基礎をしっかり学習しておきましょう。ここでは「積み木」と「ネコ」をつなぐ言葉ということなので、すぐに答えがわかるのではないでしょうか。もし解けないとすると、絵が何かわからない場合ぐらいでしょう。もちろん、出題方法には慣れておいた方がよいので、同じ分野の問題をある程度こなしておくことは必要ですが、あきるほど数多く解く必要はありません。年齢相応の語彙が身に付いている判断できるようならそれで充分です。

【おすすめ問題集】
Ｊｒ・ウォッチャー49「しりとり」

問題5　分野：図形（点・線図形）

〈解 答〉　省略

本問は左側に書かれている見本の図形を模写する問題です。点を直線でつなぐ問題（点・線図形）は連続して出題されています。始点（書き始める点）と終点の位置に以外にはあまり注意する点はないので、時間内に終えられるように、ていねいに線を引いてください。始点を確認する際には「上から〇番目、左から×番目」とその位置を再確認してから作業に取り掛かることです。なお、意外に気を付けておいた方がよいのは筆記用具の使い方です。間違った持ち方をしているとチェックされるかもしれません。

【おすすめ問題集】
Ｊｒ・ウォッチャー１「点・線図形」、51「運筆①」、52「運筆②」

問題6　分野：図形（合成）

〈解 答〉 下図参照

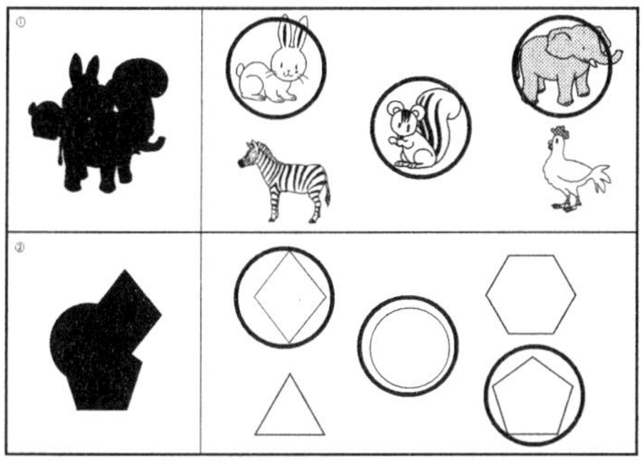

影絵なので、選択肢の絵や図形の特徴を踏まえて、それが影になっているかどうかを判断します。例えば、ゾウなら鼻、ウサギなら耳といった部分の形を影絵の中に探すわけです。②は図形が選択肢になっていますが、これも同じ考え方で答えられるでしょう。○や△の部分が影絵になっていないかを探せばよいのです。また、選択肢と重なっている絵の向きが変わっている問題では、頭の中で図形（絵）を動かすという作業が加わるので、難しさが大きく違ってきます。

【おすすめ問題集】

Ｊｒ・ウォッチャー９「合成」

問題7　分野：運動・行動観察

「転がしドッヂボール」は当校で例年出題されている課題です。グループで行うものなので、ご家庭で入試と同様の練習をするのは無理ですが、内容は知っておいた方がよいでしょう。本年度の準備運動は平均台を渡ることに変更されていますが、ほかに変更点はありません。観点も変更なく集団で課題に取り組む姿勢、つまり協調性です。行動観察はある意味入学してからのシュミレーションで、「入学して授業を問題なく受けられるか」「のびしろはあるか」ということをチェックするためのものです。そう考えれば、どのように振る舞えばよいかは自ずとわかるでしょう。

【おすすめ問題集】

Ｊｒ・ウォッチャー28「運動」、29「行動観察」

問題8　分野：行動観察

繰り返しになりますが、行動観察は、お子さまが入学してからの姿を想像するためのものですから、少なくとも「入学させても問題ない」と思わせるような行動を取りたいところです。問題なく集団で作業をし、積極的に行動する姿勢を見せることができれば、悪い評価は受けません。コップを高く積めることにあまり意味はなく、年齢なりの器用さがあることを確認できれば、問題ないのです。お子さまにこういったことを説明をしても仕方のないことですから、試験に臨む際には「ふだん通りにしなさい」と一言を声をかけておきましょう。

【おすすめ問題集】
　Ｊｒ・ウォッチャー29「行動観察」

問題9　分野：面接（保護者面接）

面接の内容はごく簡単なもので、面接というよりは入学の意思確認のようなものと考えてください。よほど突拍子のないことを言わなければ問題になることはないでしょう。とは言っても、志望動機や家庭の教育方針、希望の進路など重要なことはあらかじめ話し合っておいた方がよいでしょう。こうしたことにスムーズに答えられないと、教育に対して関心が低いのかと思われてしまいます。全体的には雰囲気は穏やかなのでリラックスして臨んでよい面接です。

【おすすめ図書】
　新・小学校面接Ｑ＆Ａ、入試面接最強マニュアル

〈ノートルダム清心女子大学附属小学校〉

※問題を始める前に、本文の「家庭学習ガイド」「本書ご使用方法」「ご使用にあたっての注意点」をご覧ください。

2020年度以前の問題

問題10 分野：記憶（絵の記憶）

〈準 備〉 クーピーペン（黒）

〈問 題〉 （問題10-2の絵を伏せたまま、問題10-1の絵を見せる）
絵をよく見て覚えてください。
（20秒見せて伏せる）
（問題10-2の絵を見せる）
先に見せた絵にあったものに、○をつけてください。

〈時 間〉 30秒

〈解 答〉 ○：シカ、ハト、三輪車

[2020年度出題]

学習のポイント

当校では絵の記憶の問題は頻出しているので、必ず押さえておきたい分野の1つです。記憶する絵はだいたい3～4つと、数はそれほど多くありません。しっかりと予習していれば解ける問題と言えます。例年同じ形式なので当校の過去問題を解いていけば、それが対策になります。絵を記憶する際は、絵を見る順番を「左から右へ」「上から下へ」と一定にすると頭に残りやすくなるでしょう。このようにして、ある程度記憶できるようになれば、記憶する時間を短くして取り組んでみましょう。3～4つのものを記憶する場合でも、時間が違えば難しさは変わってきます。この問題は30秒で記憶するので、ふだんはお子さまにそれよりも短い時間で慣れさせておけば、入試本番で心の余裕が生まれます。

【おすすめ問題集】
Ｊｒ・ウォッチャー20「見る記憶・聴く記憶」

問題11　分野：数量（計数）

〈準備〉　クーピーペン（黒）

〈問題〉　**この問題の絵は縦に使用してください。**
それぞれの段の四角の中に描かれたものの中で、1番数が多いものに○をつけてください。

〈時間〉　各20秒

〈解答〉　①左：チョウチョ　②右：モモ　③左：ゴリラ　④右：バナナ
⑤真ん中：自転車

［2020年度出題］

学習のポイント

徐々に数えるものの数が増えていくので、はじめの方でつまずかないように気を付けましょう。小学校受験の数量では、10程度が数えられることが基本になりますが、本問では10を超える数をかぞえなければなりません。ですが、10を超えたからといって急に難しくなるわけではないので、学習を進める中で10以上の数にも対応できるようにしておけば安心です。また、入試が近くなってきたら、数えるのではなく、いくつあるかを見て認識できるようになってほしいところです。10以上の数を１つひとつ数えるほど、解答時間に余裕はありません。ぱっと見ていくつかわかることが理想ではありますが、少なくとも多少の違いはわかるようにしておきましょう。

【おすすめ問題集】
Ｊｒ・ウォッチャー14「数える」、15「比較」、58「比較②」

問題12　分野：常識（知識）

〈準備〉　クーピーペン（黒）

〈問題〉　絵を見てください。この中で水に沈むものに○をつけてください。

〈時間〉　20秒

〈解答〉　ハサミ、磁石

［2020年度出題］

学習のポイント

こうした問題では、知識して知っているかどうかではなく、実際にものを水に浮かべたり、沈めたりしたことがあるかどうかという体験の有無が観られています。ということは、出題されるものは身近にあるものばかりです。ペーパー学習で、「沈むもの」「沈まないもの」というように暗記をするのではなく、お風呂などで、実際にその様子を見せてあげることの方が、より効果的な学習になります。そうした経験を繰り返していくと、「金属でできたものは沈む」「木でできたものは浮く」というように、素材によって浮くものと沈むものの違いがあるということに気付くのです。そうした感覚を身に付けることができれば、浮くものと沈むものを細かく覚えなくても答えられるようになります。手間がかかる方法に思えるかもしれませんが、応用できる範囲を考えれば、むしろ効率的と言えるかもしれません。

【おすすめ問題集】
Ｊｒ・ウォッチャー11「いろいろな仲間」

問題13　分野：常識（いろいろな仲間）

〈準備〉　クーピーペン（黒）、問題13の絵を点線に沿って切っておく。

〈問題〉　①この中で１つだけ仲間はずれのものがあります。それを選んで○をつけてください。②も同様に答えてください。

〈時間〉　各20秒

〈解答〉　①○：時計　②○：ボール

［2020年度出題］

学習のポイント

常識は生活の中で身に付けるべきものです。ペーパーに偏ることなく、経験を通じて知識を積み重ねるようにしてください。ペーパー学習をする時でも、正解か不正解かだけを気にするのではなく、なぜそれが仲間外れなのかを確認するようにしてください。また、そこから違う仲間を探したり、ほかの答えはないかを聞いてみたりすることで、発展的な学習につながります。小学校受験年齢では、１つのことを覚えてしまうと、違った視点を持つことが難しいこともあります。さまざまな切り口で仲間分けができるように、保護者の方が導いてあげてください。いつでもどこでも学ぶことができる分野です。日常生活の中で学習できる環境を作っていきましょう。

【おすすめ問題集】
Ｊｒ・ウォッチャー11「いろいろな仲間」

問題14　分野：常識（理科）

〈準備〉　クーピーペン（黒）

〈問題〉　卵で産まれるものに○をつけてください。

〈時間〉　1分

〈解答〉　○：魚、カブトムシ、クワガタ、ヘビ、チョウチョ、カラス

［2020年度出題］

学習のポイント

常識の中でも、理科常識は生活の中で身に付けにくい分野です。本問のような生きものの産まれ方は、小学校受験でもよく出題されていますが、日常生活の中で自然に得られる知識ではありません。だからといって、丸暗記させるようなやり方では、よい学習とは言えません。お子さまの興味や関心のあるところから始めていきましょう。ご家庭でイヌやネコを飼っているのであれば、どうやって産まれるのか知っているか聞いてください。釣りが好きなら魚のこと、カブトムシが好きなら昆虫のこと、というように好きなものをきっかけにして、知識を広げていくとよいでしょう。インターネットなどで、動画や画像を見ることが簡単な時代です。そうしたメディアも活用して、学習を進めていってください。

【おすすめ問題集】
Ｊｒ・ウォッチャー27「理科」、55「理科②」

問題15　分野：図形（合成）

〈準備〉　クーピーペン（黒）

〈問題〉　左の四角の中の図形を作るために必要なパーツを右の四角の中から２つ選んで○をつけてください。

〈時間〉　各20秒

〈解答〉　①左端、右端　②左端、右から２番目　③左端、右端
④左から２番目、右から２番目

［2020年度出題］

学習のポイント

使うパーツが２つと明示されているので、取り組みやすい問題と言えます。こうした問題の基本は大きなパーツから当てはめていくことです。その空いたところに入るパーツを考えればよいということになります。ただ、本問ではパーツは２つだけなので、感覚的に答えられるお子さまも多いでしょう。もし、難しいと感じているようなら、問題を切り取って手を動かしながら考えていくとよいでしょう。実際に手を動かして考えることは、図形の基礎になります。そうした経験を積み重ねることで、頭の中で図形を動かすことができるようになります。ペーパーに偏りがちな分野ではありますが、それ以前に手を動かして考えることが重要なポイントになるのです。

【おすすめ問題集】

Ｊｒ・ウォッチャー４「同図形探し」、９「合成」

問題16　分野：図形（重ね図形）

〈準 備〉　クーピーペン（黒）

〈問 題〉　（問題16-１の絵を見せる）

①上の段を見てください。影が重なってできているのですが、何を重ねてできたものでしょうか。その重なっているものを下の四角から選んで○をつけてください。

（問題16-２の絵を見せる）

②も同様に答えてください。

〈時 間〉　30秒

〈解 答〉　①箸、皿、鉛筆　②ネコ、シカ、イヌ

［2020年度出題］

家庭学習のコツ①　「家庭学習ガイド」はママの味方！

問題演習を始める前に、試験の概要をまとめた「家庭学習ガイド（本書カラーページに掲載）」を読みましょう。「家庭学習ガイド」には、応募者数や試験科目の詳細のほか、学習を進める上で重要な情報が掲載されています。それらの情報で入試の傾向をつかみ、学習の方針を立ててから、対策学習を始めてください。

学習のポイント

絵がシルエットになっているので、形の特徴をとらえることができるかどうかが最大のポイントです。本問では、選択肢と重なっている絵が同じ向きなのでわかりやすい問題と言えるでしょう。一般的には、図形や道具などの絵が多いのですが、動物のシルエットという珍しい出題なので少し戸惑うかもしれません。ただ、動物の方が特徴的な部分が多いとも言えるので、しっかり見比べれば問題ありません。選択肢と重なっている絵の向きが変わっている問題では、頭の中で図形（絵）を動かすという作業が加わるので、難しさが大きく違ってきます。本問が簡単にできるというお子さまは、応用問題として取り組んでみてもよいでしょう。

【おすすめ問題集】
　Ｊｒ・ウォッチャー35「重ね図形」

問題17　分野：運動

〈準備〉　ボール（ドッジボール用）

〈問題〉　①準備運動：テスターの指示にしたがって、その場でケンパをする。
②（７人程度のグループで行う。あらかじめ志願者１人ひとりの配置を適宜割り振っておく）
「転がしドッジボール」をします。枠の外の人が「オニ」になって、ボールを投げずに転がして向こう側のオニに渡します。枠の中の人の足にボールが当たったら、その人は外へ出てオニになり、ボールを転がした人と交代してください。ルールを守ってゲームをしましょう。

〈時間〉　適宜

〈解答〉　省略

［2020年度出題］

学習のポイント

本問の課題は当校で例年出題されています。７人程度のグループを作らなければならないので、ご家庭で入試と同様の練習をするのは無理ですが、どういった問題なのかを知っておいた方がよいでしょう。イラストを見て、お子さまといっしょに予習しておいてください。ここでは、準備運動のケンパや、ボールを転がして行うドッジボールなど、集団で課題に取り組む中でどのように振る舞うかが観られています。運動能力を観ているのではありません。先生の指示を聞くこと（状況を把握する力）、元気に主体的に取り組むこと（積極性、素直さ）、指示を守ってゲームを成立させること（協調性）、お友だちとコミュニケーションをとって共同作業を行うこと（社会性）、マナーを守ること（公共性）など、運動能力以外のことも評価のポイントなのです。これらは、お子さまが入学後に学校生活を営んでいく上で、大切となってくることです。日常生活を通してお子さま自身が自然に身に付けていけるように、家庭内でのコミュニケーションやお友だちとの遊びの時間を大切にしてください。

【おすすめ問題集】
　Ｊｒ・ウォッチャー28「運動」、29「行動観察」

問題18　分野：行動観察

〈準 備〉　積み木（約20個程度）

〈問 題〉　この問題の絵はありません。
4人程度のグループになって、協力して、積み木で立派なお城を作りましょう。

〈時 間〉　適宜

〈解 答〉　省略

［2020年度出題］

学習のポイント

毎年課題は変化していますが、行動観察で重要なのはどんな課題かではなく、どんな行動をするかということです。グループ課題のポイントは「協調性」と「積極性」です。それ以外にも観られている項目はありますが、この2つさえしっかりとできていれば、悪い評価になることはありません。「これをしてはダメ」「あれをしてはダメ」と言って萎縮させてしまうと、かえって悪い結果にもつながりかねません。みんなと仲良くできることが、行動観察では最高の評価になります。それは、入学後の学校生活を考えれば、理解できるでしょう。行動観察に関して、非常に細かなことまで気にしてしまう保護者の方もいますが、行動観察の意味をよく考えれば、もう少しゆとりをもって取り組むことができるでしょう。

【おすすめ問題集】
　Ｊｒ・ウォッチャー29「行動観察」

家庭学習のコツ②　効果的な学習方法～問題集を通読する

過去問題集を始めるにあたり、いきなり問題に取り組んではいませんか？　それでは本書を有効活用しているとは言えません。まず、保護者の方が、すべてを一通り読み、当校の傾向、ポイント、問題のアドバイスを頭に入れてください。そうすることにより、保護者の方の指導力がアップします。また、日常生活のさまざまなことから、保護者の方自身が「作問」することができるようになっていきます。

問題19　分野：記憶（絵の記憶）

〈準　備〉　クーピーペン（黒）

〈問　題〉　（問題19－２の絵を伏せたまま、問題19－１の絵を見せる）
絵をよく見て覚えてください。
（20秒見せて伏せる）
（問題19－２の絵を見せる）
先に見せた絵にあったものに、○をつけてください。

〈時　間〉　30秒

〈解　答〉　○：飛行機、ヘリコプター

［2019年度出題］

学習のポイント

描かれているものが正しく記憶されているかどうかが問われる、絵の記憶の問題です。この問題形式は過去５年間で２度出題されています。解き方は後で述べますが、まず、このような問題が出題されるということを意識しておくとよいでしょう。本問では、最初に見た絵と次に見た絵の両方に描かれているものを選びます。位置は問われませんので、１つひとつ何が描かれているのかをていねいに記憶するようにしてください。家庭で学習する時は、お子さまに絵を見せ終えた時に、すぐに次の絵を見せるのではなく、今見た絵に何が描かれていたか、聞いてください。１つひとつ答えられるようであれば、容易に正解できるでしょう。また、答えられなかった場合に、もう一度１枚目の絵を見せ直すということはしないようにしましょう。見せてもらえるという期待が集中力を欠いてしまいます。絵の数を増やしたり、同じような絵でもどこかが違う絵などで練習を繰り返していけば、正解できるようになります。

【おすすめ問題集】
Ｊｒ・ウォッチャー20「見る記憶・聴く記憶」

問題20　分野：言語（しりとり）

〈準　備〉　クーピーペン（黒）

〈問　題〉　上の段の絵は、左から右へしりとりでつながっています。真ん中の「？」部分に入るものを下の段の中から選んで、○をつけてください。

〈時　間〉　20秒

〈解　答〉　左（タコ）

［2019年度出題］

学習のポイント

当校では「言葉の音（おん）」の問題がほぼ毎年出題されています。音（おん）の問題に限らず、ほかの言語分野の問題も頻繁に扱われています。どのような形式の問題が出題されても解答できるように取り組んでおきましょう。さて、この問題の解き方ですが、上の段の「？」部分の前後が「クワガタ」、「コマ」となっています。そうすると「タ」で始まり、「コ」で終わる言葉が正解ということになります。なお、言語分野のどの問題にも言えることですが、お子さまが出題されているものの名前を一般的な表現ではなく、幼児語などで覚えていると、それが「何か」はわかっていても、問題に答えられないことがあります。言葉の音（おん）が違うことがあるからです。一般的な言葉の語彙を増やし、言葉の使い方をしっかり身に付けるには、コミュニケーションを頻繁にとることはもちろんですが、読み聞かせも習慣にしたいところです。また、言語、常識など知識を問う分野のやっかいなところは、お子さまが見たことがないと、当然答えることはできないことです。図鑑やほかのメディアを活用して知識や語彙を増やすことをこころがけましょう。

【おすすめ問題集】
　Ｊｒ・ウォッチャー17「言葉の音遊び」、49「しりとり」
　60「言葉の音（おん）」

問題21　分野：数量（比較）

〈準備〉　クーピーペン（黒）

〈問題〉　それぞれの段の四角の中に描かれたものの中で、１番数が多いものに〇を、１番少ないものに△をつけてください。

〈時間〉　各30秒

〈解答〉　①〇：左、△：右　②〇：真ん中、△：左　③〇：右、△：左
　④〇：右、△：左

［2019年度出題］

学習のポイント

本問は絵に描かれたものの多少を確認する問題です。数量分野の問題は例年出題されていますが、この問題のような１番多いものと少ないものを選ぶ、という問題だけではなく、いくつかの選択肢から２番目、３番目に多いものや少ないものを問われることもあります。選択肢ごとに数を正確に数えれば、それで終わりというわけではなく、その順位付けが必要なので、「いくつあったか」も記憶しておかないとなりません。もっとも、この問題では10以下の数しか取り扱われていません。小学校受験では基本的には10以下の数しか取り扱っていないので、それほど苦労はしないでしょう。なお、10以下の数については、指折り数えるのではなく、一見して把握できるようにしておくとよいでしょう。こうした問題にスムーズに答えられるようになります。

【おすすめ問題集】
　Ｊｒ・ウォッチャー14「数える」、15「比較」

問題22　分野：推理（欠所補完）

〈準 備〉　クーピーペン（黒）

〈問 題〉　それぞれのものの絵には、足りない部分があります。その足りない部分に○をつけてください。

〈時 間〉　各20秒

〈解 答〉　下図参照

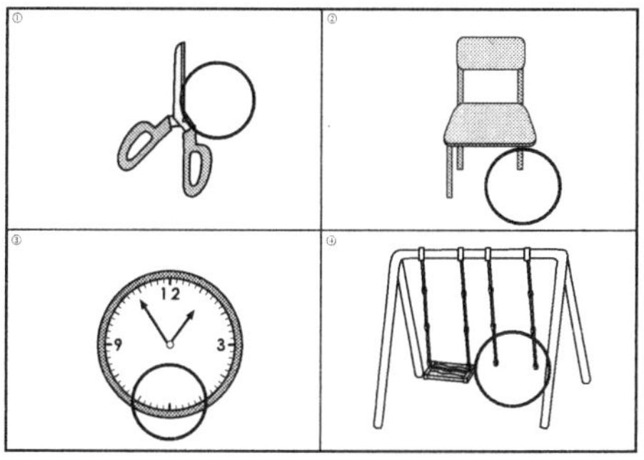

［2019年度出題］

学習のポイント

欠所補完の問題は、当校では頻出しています。本問は完成品から欠けているところを指摘させる問題ですが、過去には欠けているところに合う形（部品・部分）を選択肢から選ばせるパズル形式の出題もありました。本問を見ると、ハサミ、椅子、時計、ブランコの１部分の絵が欠けています。このように問題で扱われているもののほとんどが日常で使うものです。いつも使っているものとの違いを気にしながら観察すると、欠けてる部分が見えてくるでしょう。観察する時は、目の配り方がポイントになります。まず、それが何なのか、全体像を把握してから、細かい部分に目を向けます。流れの中で観察すれば、見落としが減り、欠所に気が付きやすくなるということです。また、この問題で欠所になっているのはそのものの特徴と言える部分です。椅子は何本の足か、ハサミの刃は何枚なのかと説明をさせてみると、欠けているところに気付くでしょう。

【おすすめ問題集】
　Ｊｒ・ウォッチャー31「推理思考」、59「欠所補完」

問題23　分野：図形（点つなぎ）

〈準備〉　クーピーペン（黒）

〈問題〉　左側の絵と同じになるように、右側の点をつないでください。

〈時間〉　1分

〈解答〉　省略

［2019年度出題］

学習のポイント

本問は左側に書かれている見本の図形を模写する問題です。当校では図形分野の問題が例年出題されていますが、点を直線でつなぐ問題（点・線図形）はここ数年扱われていませんでした。もちろん、図形分野の問題は頻出なので、さまざまな問題に対応できるような準備をしておくとよいでしょう。本問では、左の図形と同じ位置に図形を書きます。それほど時間に余裕がないので、どこから書けばよいのかと迷って、時間を使ってしまわないように、自分なりの始点をあらかじめ決めておくとよいでしょう。そして、その点から「上から○番目、左から×番目」と確認して、1つひとつ線を引くことを、繰り返します。同じ作業を繰り返すわけですから、段々と効率も上がり、時間内の作業が可能になってきます。

【おすすめ問題集】

Ｊｒ・ウォッチャー1「点・線図形」、51「運筆①」、52「運筆②」

問題24　分野：図形（同図形探し）

〈準備〉　クーピーペン（黒）

〈問題〉　左側にある絵と同じ絵を、右側の絵から選んで○をつけてください。

〈時間〉　各20秒

〈解答〉　①右　②左　③右

［2019年度出題］

学習のポイント

本問は見本と同じ絵を探す同図形探しの問題です。本問のポイントは、同じもののどの部分が違っているのかを見つけられるかです。それぞれの形に対して、全体像をつかんでから細かい部分に目を向けるという観察の基本に従って、図形を見る習慣をつけさせてください。そうすれば、どの部分が違っているか見つけられるでしょう。お子さまが細かい部分にも目を配れているかどうかをチェックするには、「それがどうなっているか」を説明させるとよいでしょう。例えば①の場合、お手本の時計の針はどの部分にあるか、選択肢の時計の針はどの部分にあるか、といった感じです。細かい部分に対して、「お手本の時計の短い針は右上のところにあって、長い針は……」と言えれば、違っている部分を見つけることは簡単でしょう。

【おすすめ問題集】

Ｊｒ・ウォッチャー４「同図形探し」

問題25　分野：図形（積み木）

〈準　備〉　クーピーペン（黒）

〈問　題〉　上の段の絵で、積み木はいくつありますか、その数だけ下の段に○を書いてください。

〈時　間〉　30秒

〈解　答〉　○：９

［2019年度出題］

学習のポイント

重ねられた積み木を数える問題です。積み木の数え方にはさまざまな方法がありますが、１番わかりやすいのは、下から上へ数えていく方法でしょう。例えば本問の場合、積み木は３段になっていて、１番下の段には５つ、真ん中の段には３つ、１番上の段には１つの合計９つの積み木が積まれています。１番下の段に積み木が２列以上並べられている時は、奥に置かれた下の積み木はその上の積み木によって隠されていると考えます。これが理解できていれば問題はありませんが、日常生活で積まれた積み木を見ることは少ないので、難しいかもしれません。実際に、積み木をこの形に積んで、お子さま自身が見る体験をすれば、気付くことができるようになります。さまざまな形に積み上げ、その形はいくつでできているのか数えてみましょう。そのたびに知識が増えていきます。

【おすすめ問題集】

Ｊｒ・ウォッチャー16「積み木」

問題１０－１

問題１０－２

☆ ノートルダム清心女子大学附属小学校　　2022 年度　ノートルダム清心・朝日塾　過去　無断複製／転載を禁ずる

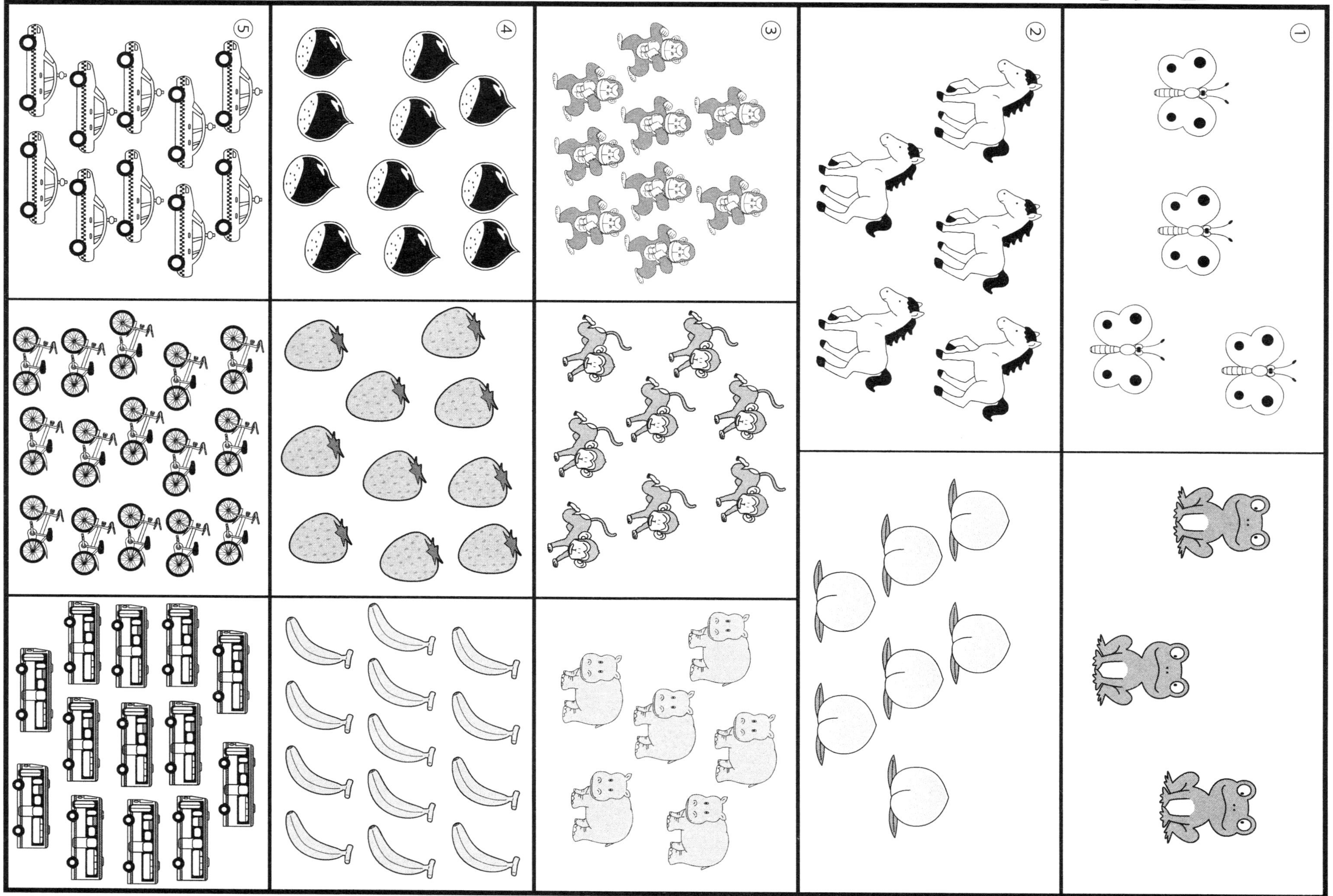

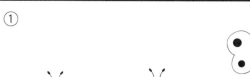

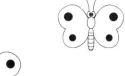

問題１２

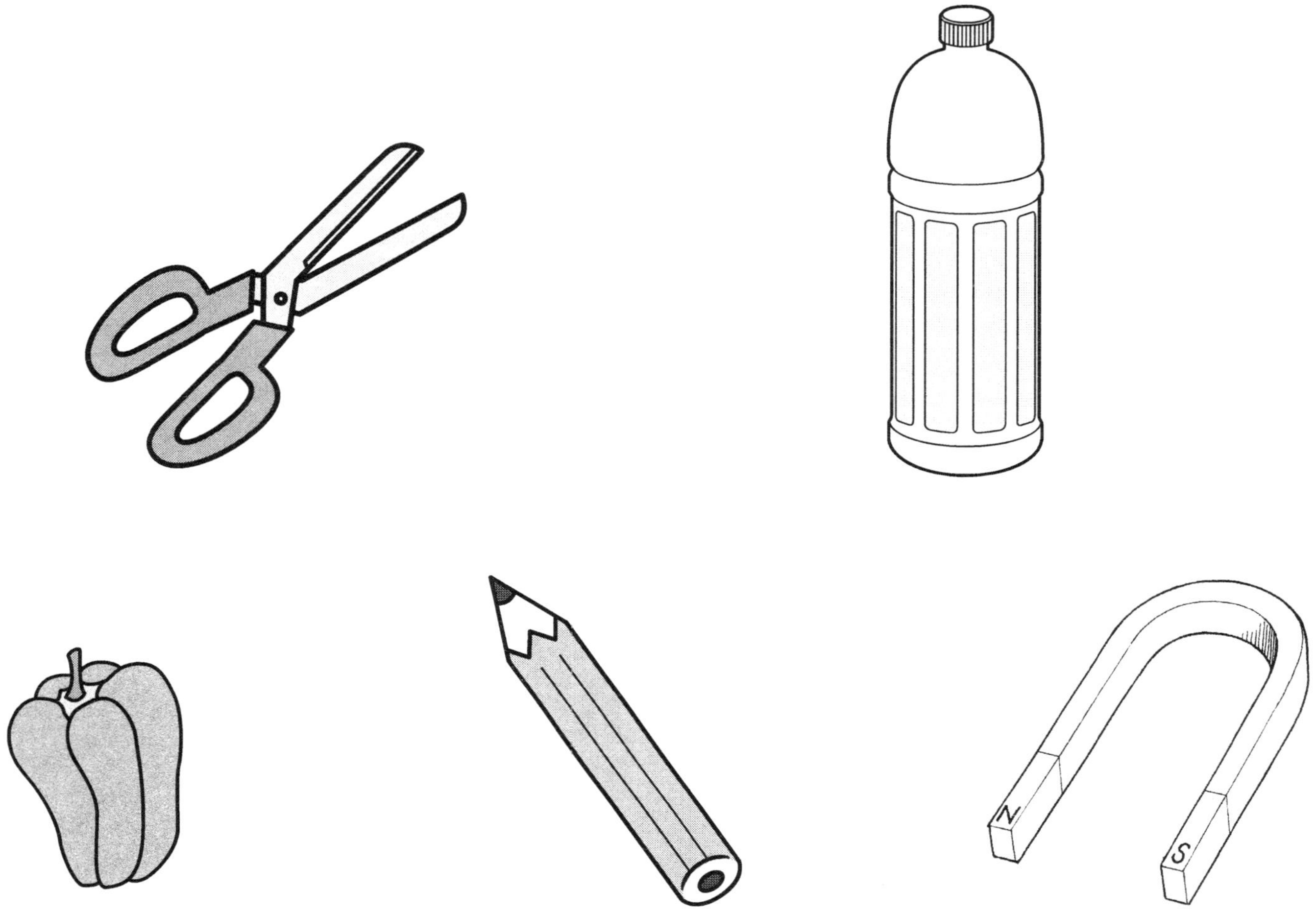

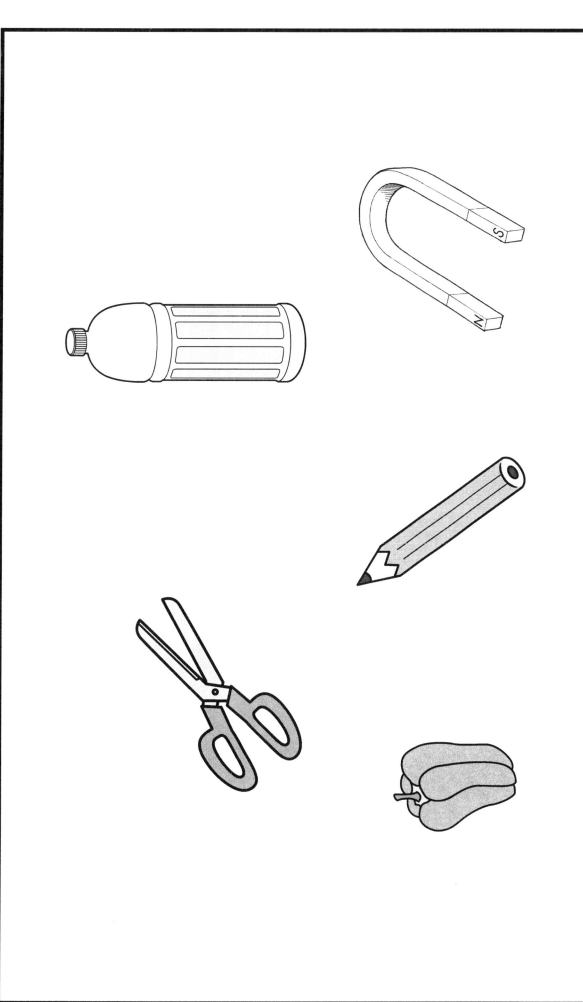

☆ノートルダム清心女子大学附属小学校

問題１３

①

②

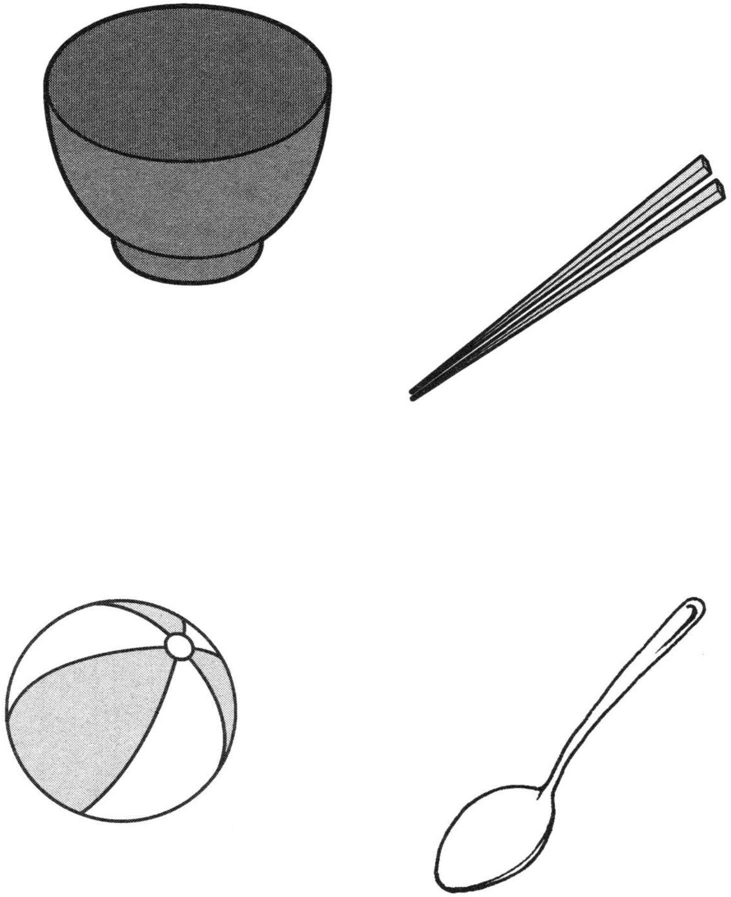

☆ノートルダム清心女子大学附属小学校

問題１４

②

③

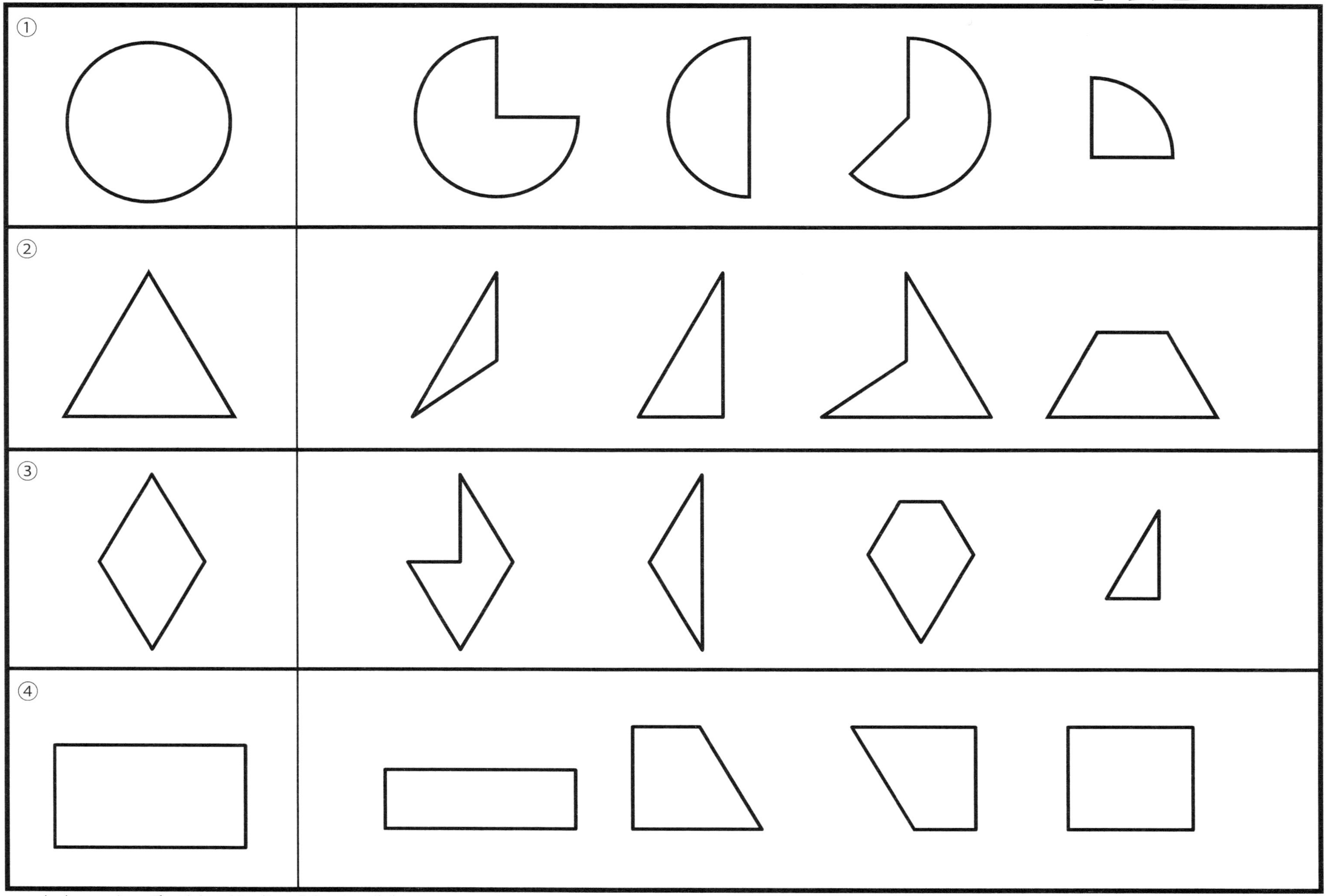

①

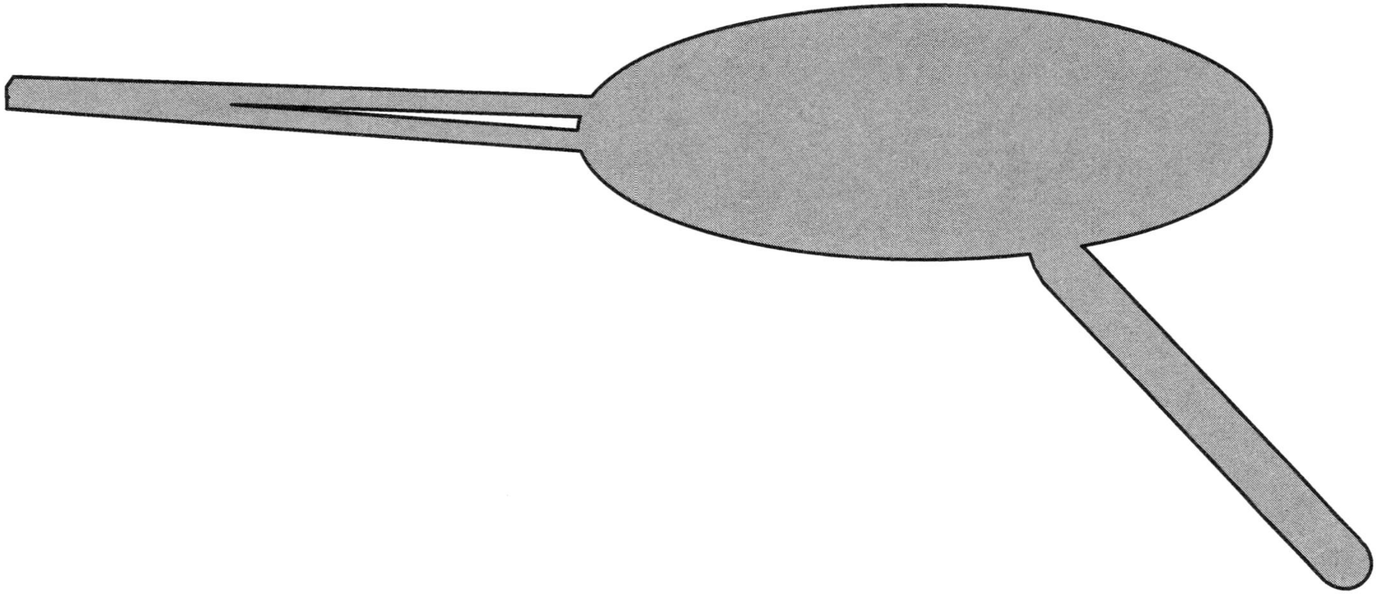

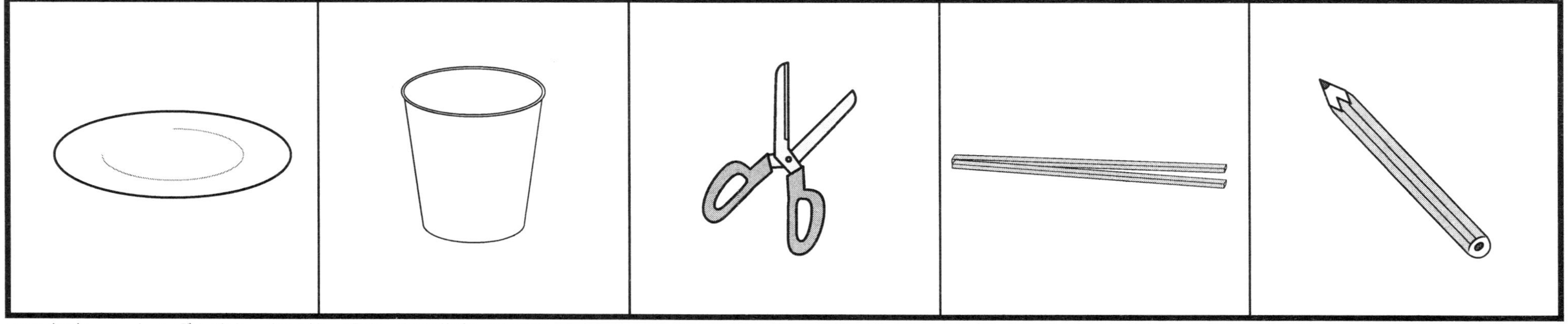

☆ノートルダム清心女子大学附属小学校

問題１６－２

②

日本学習図書株式会社

問題１７

日本学習図書株式会社

問題１９－１

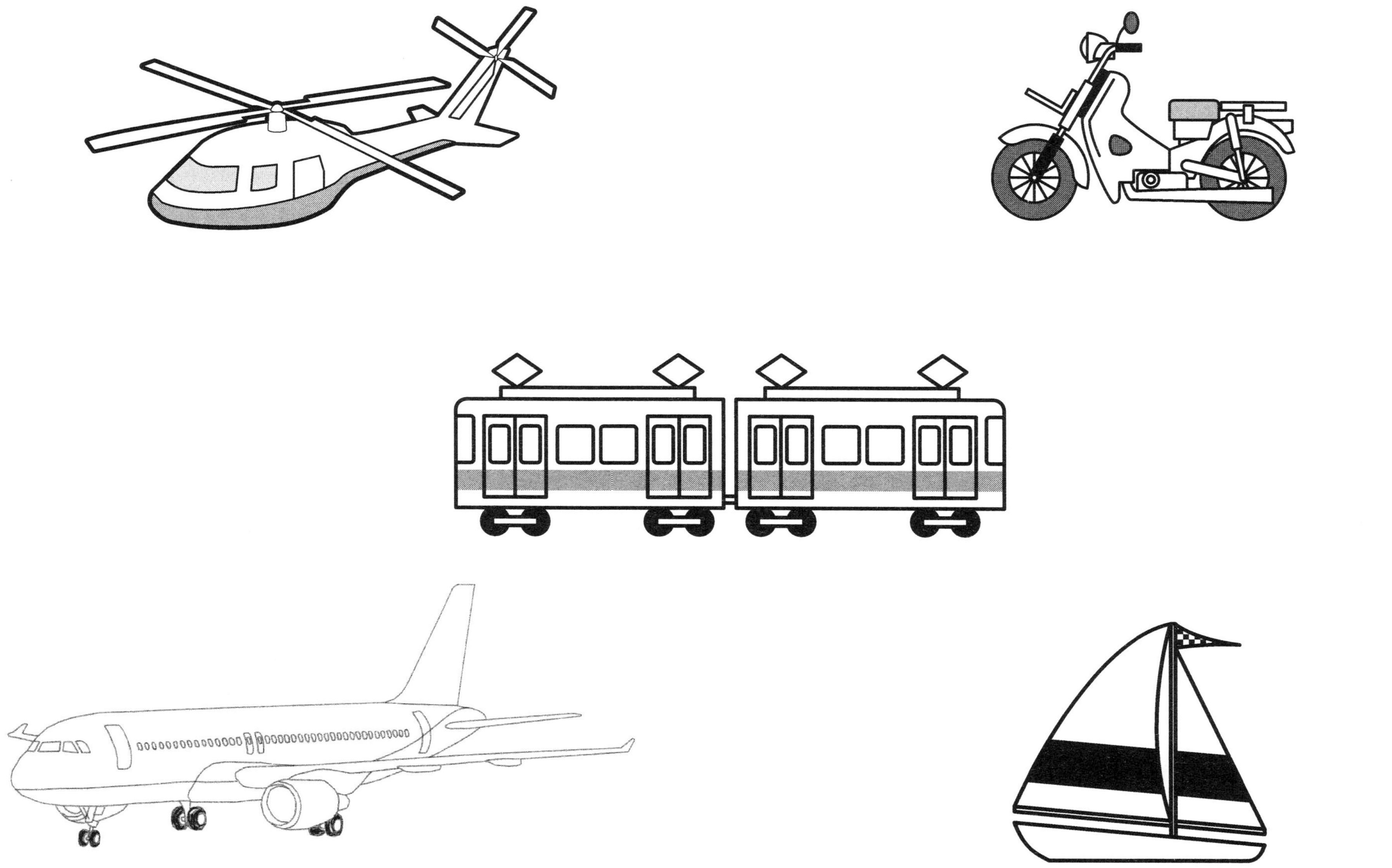

☆ノートルダム清心女子大学附属小学校

2022 年度 ノートルダム清心・朝日塾 過去 無断複製／転載を禁ずる 日本学習図書株式会社

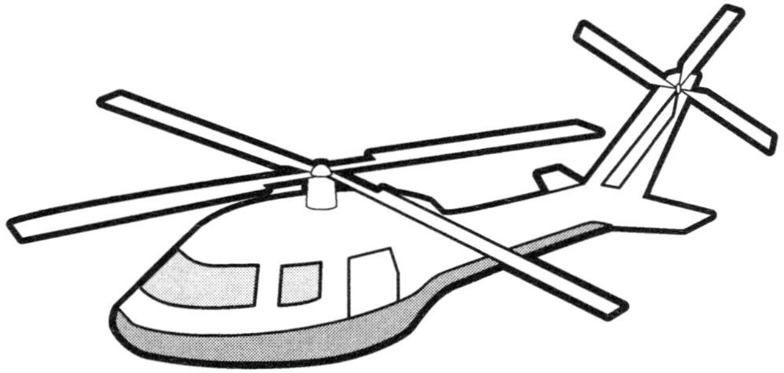

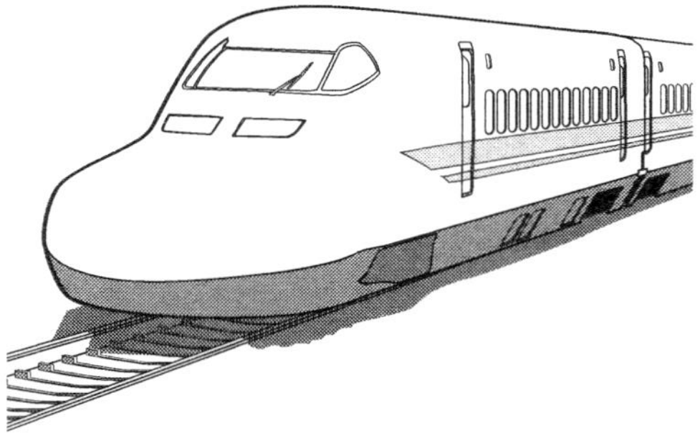

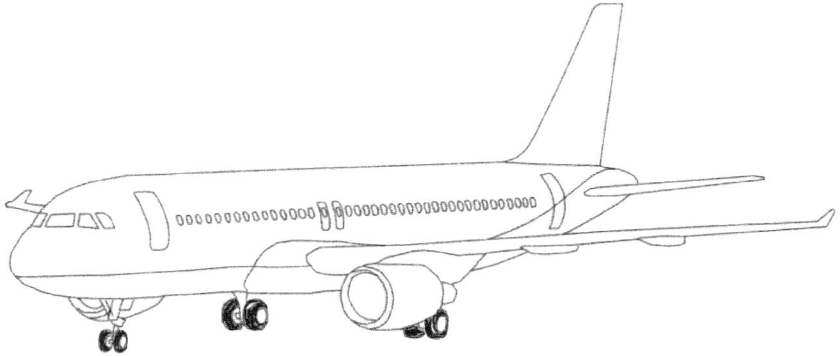

問題２０

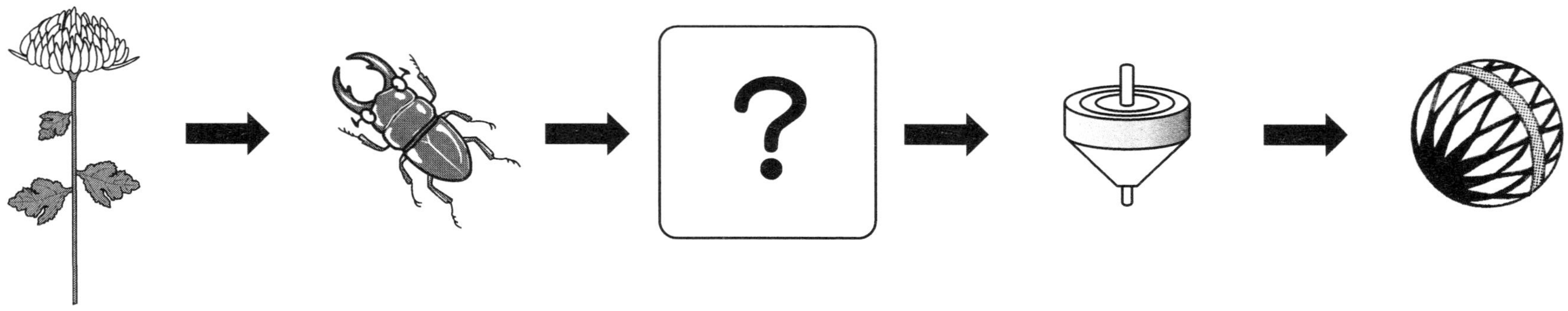

日本学習図書株式会社

問題 2 1

☆ ノートルダム清心女子大学附属小学校

①

②

③

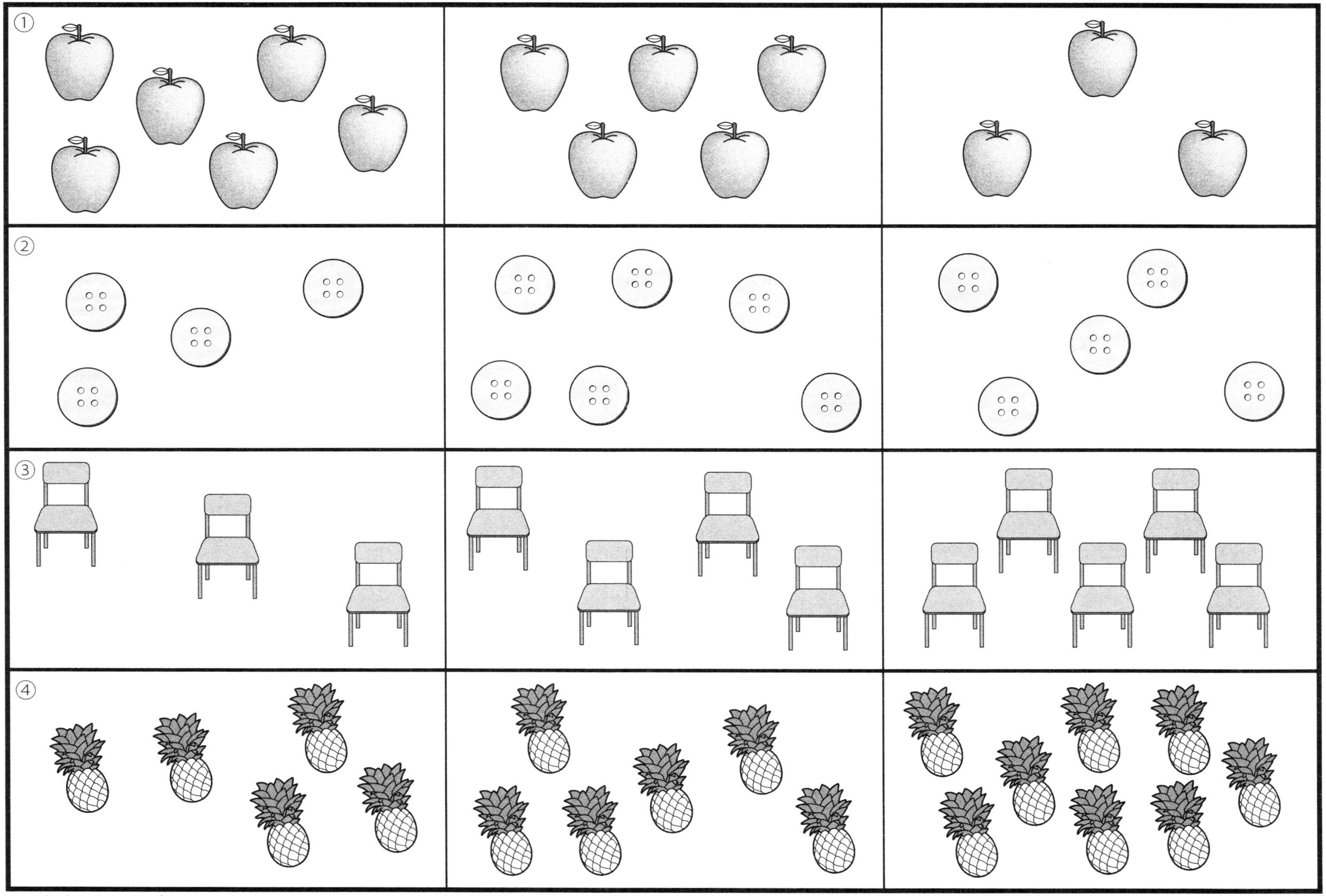

☆ノートルダム清心女子大学附属小学校

問題２２

①

②

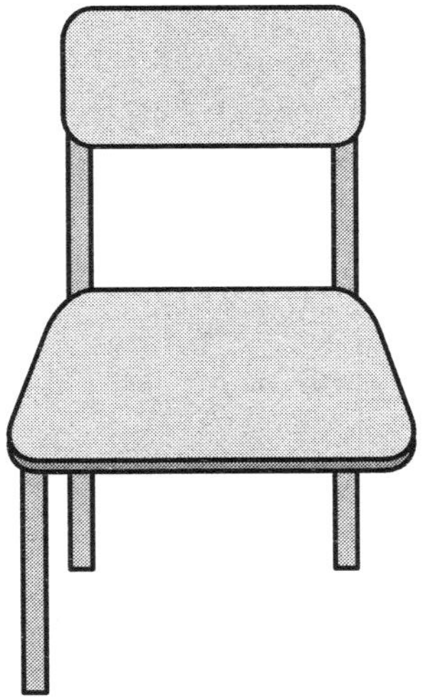

③

④

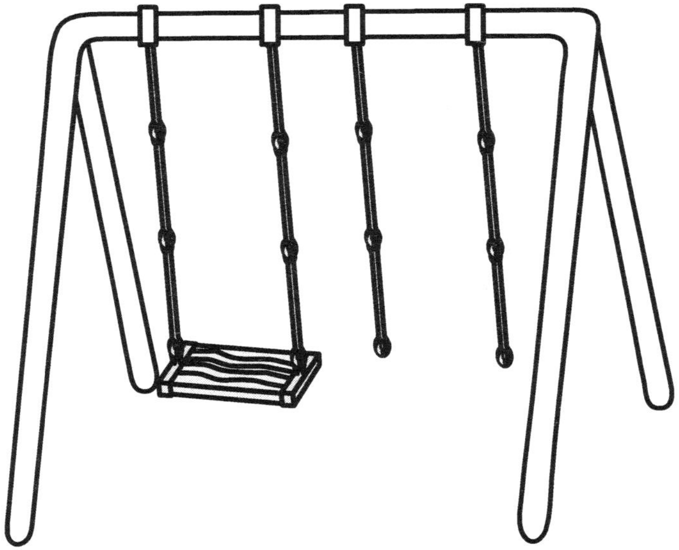

問題 2 3

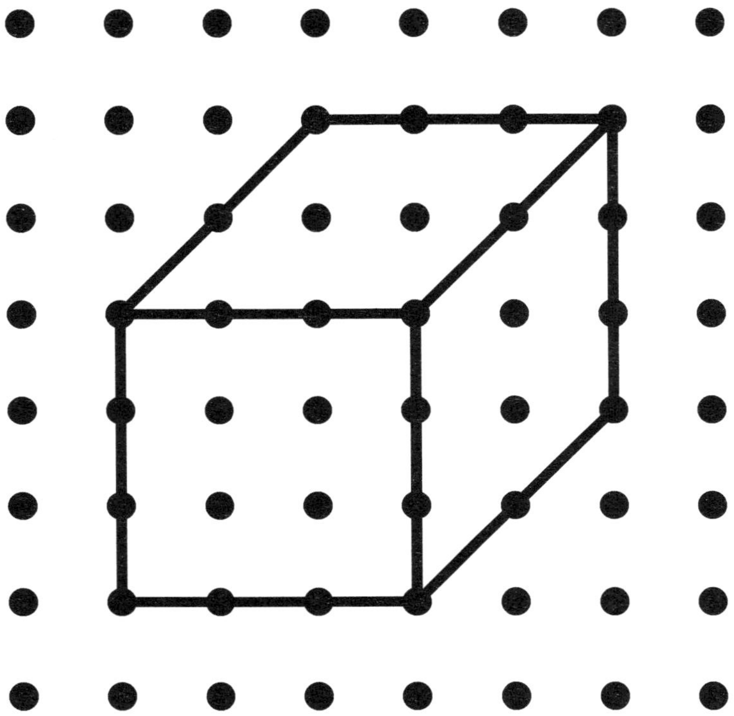

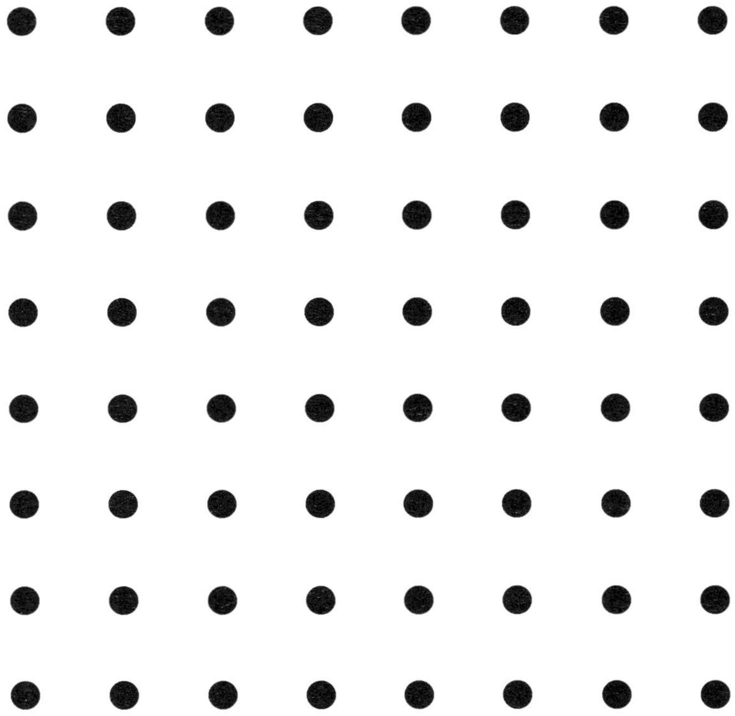

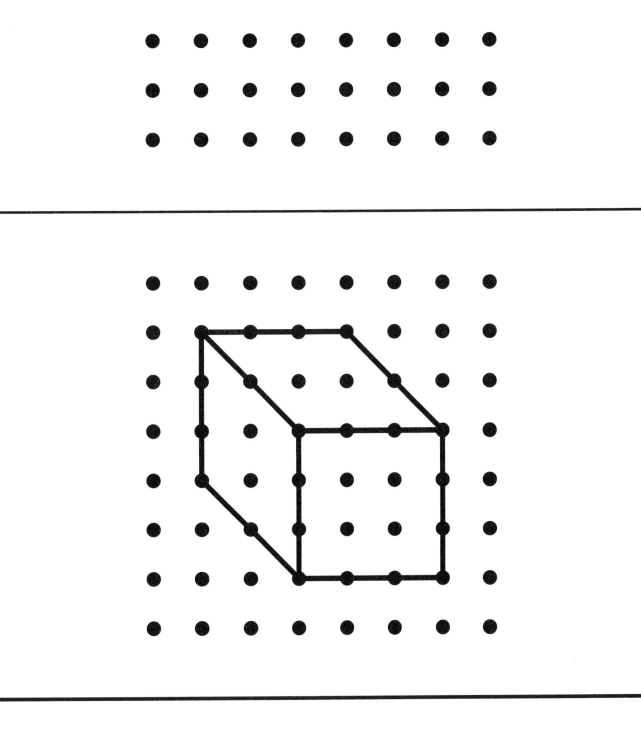

問題２４

①

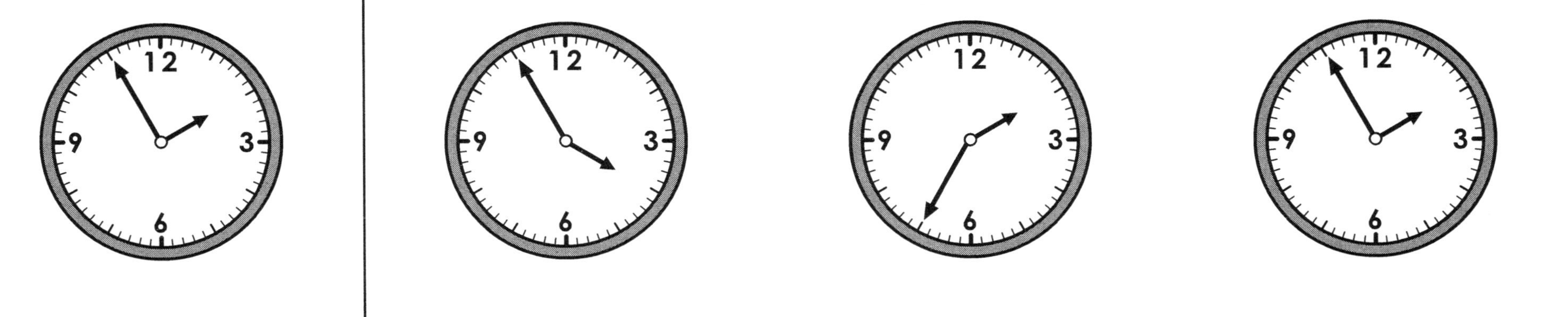

②

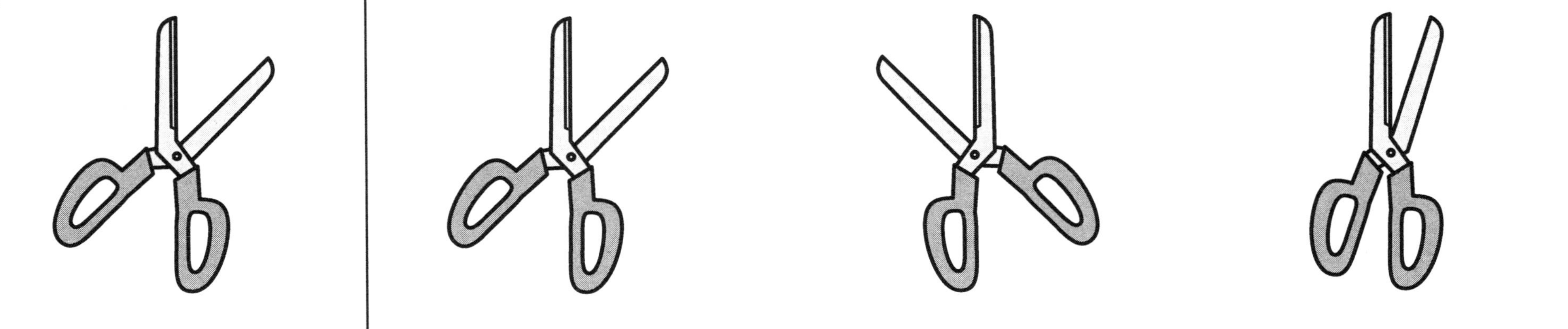

③

問題25

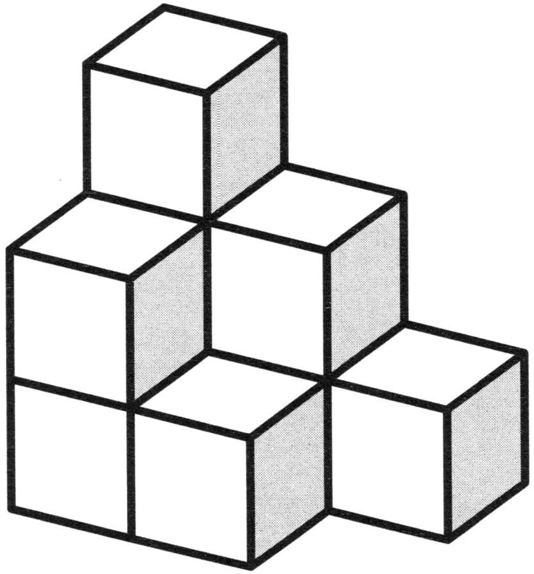

日本学習図書株式会社

ノートルダム清心女子大学附属小学校　専用注文書

年　　月　　日

合格のための問題集ベスト・セレクション

＊入試頻出分野ベスト３

1st　図　形：集中力　思考力　観察力

2nd　数　量：集中力　聞く力

3rd　言　語：聞く力　思考力　知　識

当校の問題は、あらゆる分野から幅広く出題されます。見本と同じ絵を探す問題や欠所補完の問題のような集中力と観察力が必要となる問題が多いので、得意分野にしておきましょう。

分野	書　名	価格(税込)	注文	分野	書　名	価格(税込)	注文
図形	Ｊｒ・ウォッチャー１「点・線図形」	1,650円	冊	巧緻性	Ｊｒ・ウォッチャー51「運筆①」	1,650円	冊
図形	Ｊｒ・ウォッチャー４「同図形探し」	1,650円	冊	巧緻性	Ｊｒ・ウォッチャー52「運筆②」	1,650円	冊
数量	Ｊｒ・ウォッチャー14「数える」	1,650円	冊	図形	Ｊｒ・ウォッチャー53「四方からの観察　積み木編」	1,650円	冊
言語	Ｊｒ・ウォッチャー17「言葉の音遊び」	1,650円	冊	推理	Ｊｒ・ウォッチャー59「欠所補完」	1,650円	冊
言語	Ｊｒ・ウォッチャー18「いろいろな言葉」	1,650円	冊	言語	Ｊｒ・ウォッチャー60「言葉の音（おん）」	1,650円	冊
記憶	Ｊｒ・ウォッチャー19「お話の記憶」	1,650円	冊		新ノンペーパーテスト問題集	2,860円	冊
巧緻性	Ｊｒ・ウォッチャー22「想像画」	1,650円	冊		１話５分の読み聞かせお話集①②	1,980円	各　冊
巧緻性	Ｊｒ・ウォッチャー23「切る・貼る・塗る」	1,650円	冊		１話７分の読み聞かせお話集入試実践編①	1,980円	冊
運動	Ｊｒ・ウォッチャー28「運動」	1,650円	冊		お話の記憶 中級編・上級編	2,200円	各　冊
観察	Ｊｒ・ウォッチャー29「行動観察」	1,650円	冊		保護者のための入試面接最強マニュアル	2,200円	冊
推理	Ｊｒ・ウォッチャー31「推理思考」	1,650円	冊		小学校受験で知っておくべき125のこと	2,860円	冊
常識	Ｊｒ・ウォッチャー34「季節」	1,650円	冊		新 小学校受験の入試面接Ｑ＆Ａ	2,860円	冊
数量	Ｊｒ・ウォッチャー36「同数発見」	1,650円	冊		保護者の悩みＱ＆Ａ	2,860円	冊
言語	Ｊｒ・ウォッチャー49「しりとり」	1,650円	冊		小学校受験入門　願書の書き方から面接まで	2,750円	冊

合計	冊	円

（フリガナ） 氏　名	電　話 ＦＡＸ E-mail
住 所　〒　　　－	以前にご注文されたことはございますか。 有　・　無

★お近くの書店、または記載の電話・FAX・ホームページにてご注文をお受けしております。
　電話：03-5261-8951　FAX：03-5261-8953　代金は書籍合計金額＋送料がかかります。
　※なお、落丁・乱丁以外の理由による商品の返品・交換には応じかねます。

★ご記入頂いた個人に関する情報は、当社にて厳重に管理致します。なお、ご購入の商品発送の他に、当社発行の書籍案内、書籍に関する調査に使用させて頂く場合がございますので、予めご了承ください。

日本学習図書株式会社
http://www.nichigaku.jp

〈朝日塾小学校〉

※問題を始める前に、本文の「家庭学習ガイド」「本書ご使用方法」「ご使用にあたっての注意点」をご覧ください。

2021年度の最新問題

問題26　分野：お話の記憶

〈準　備〉　クーピーペン（12色）

〈問　題〉　今日は、雨ふりです。ともこちゃんは、窓の外を見て、大きなため息をつきました。お友だちのかんたくんと公園に行く約束をしていたので、がっかりしているのです。雨だといっしょに公園へ行くことはできません。かんたくんは鉄棒が得意です。逆上がりを続けて３回もまわることができます。ともこちゃんは、なわとびが得意です。前飛びも後ろ飛びも、らくらくと飛ぶことができます。２人はいつも、鉄棒と縄跳びを教えあいっこして遊びます。ともこちゃんは、かんたくんと遊ぶことをとても楽しみにしていたので、今にも泣き出しそうです。すると、お母さんが言いました。「今日は雨が降って残念だったね。お母さんとクッキーを作って、かんたくんに届けてあげましょう」それを聞いたともこちゃんは少し元気になりました。さっそく、クッキーを作り始めました。丸い形のクッキー、星の形のクッキー、花の形のクッキーをたくさん作りました。ともこちゃんは、袋の中に焼きあがったクッキーを６枚いれると、黄色いリボンで結びました。そして、かんたくんにお手紙を書きました。「またいっしょにあそぼうね。ともこ」そして、お気に入りのピンクの封筒に入れました。かんたくんの家へクッキーとお手紙を届けに行くと、かんたくんは大喜びしてくれました。

①ともこちゃんが得意なことは何ですか。１段目の絵の中で正しいものに黄色いクーピーペンで○をつけてください。
②ともこちゃんが作っていないクッキーの形を緑色のクーピーペンで×をつけてください。
③ともこちゃんはかんたくんにクッキーを何枚作ってあげましたか。その数だけ○を書いてください。
④ともこちゃんが手紙を入れた封筒の色で封筒を塗ってください。

問題27　分野：常識（季節、知識）

〈準　備〉　クーピーペン（黒）

〈問　題〉　①楽器に○をつけてください。
②冬に関係のあるものに△をつけてください。

〈時　間〉　１分

問題28　分野：常識（昔話）

〈準　備〉　クーピーペン（黒）

〈問　題〉　左のお話と関係のある絵を右から選び線で結んでください。

〈時　間〉　１分

問題29　分野：図形（点・線図形）

〈準　備〉　クーピーペン（黒）

〈問　題〉　左の四角に描いてあるお手本のように右の四角の点を線でつないでください。

〈時　間〉　各30秒

問題30　分野：言語（しりとり）

〈準　備〉　クーピーペン（黒）

〈問　題〉　**この問題の絵は縦に使用してください。**
左上の「サイ」から、右下の「ライオン」まで、しりとりになるように線でつないでください。ただし、斜めには進めません。

〈時　間〉　２分

問題31　分野：図形（系列）

〈準　備〉　クーピーペン（黒）

〈問　題〉　マス目にある決まりで順番に模様が描かれています。「？」のところにはどんな模様が入りますか。下の四角に記号を書き入れてください。

〈時　間〉　30秒

問題32　分野：数量（計数）

〈準　備〉　クーピーペン（黒）

〈問　題〉　①何匹の魚がいますか。下の四角にその数だけ○を書いてください。
②カメはみんな帰ってしまいました。残った魚は何匹ですか。下の四角にその数だけ○を書いてください。
③何匹のカニがいますか。下の四角にその数だけ○を書いてください。
④海の生きものは何匹いますか。下の四角にその数だけ○を書いてください。

〈時　間〉　１分

問題33　分野：数量（比較）

〈準備〉　クーピーペン（黒）

〈問題〉　それぞれのコップの水に角砂糖を入れると、どのコップの水が1番甘くなりますか。○をつけてください。

〈時間〉　30秒

問題34　分野：常識（生活常識）

〈準備〉　クーピーペン（黒）

〈問題〉　男の子が転んで泣いています。下の選択肢の中からあなたが次にとる行動を選んで○をつけてください。

〈時間〉　1分

問題35　分野：制作・行動観察

〈準備〉　画用紙、クレパス（12色）、ハサミ、のり

〈問題〉　（問題35の絵を渡す）
①形をハサミで切り抜いてください。
②ロケットになるように画用紙に貼ってください。形は重されて貼ってもかまいません。
③ロケットに好きな絵や模様を描いてください。色は3つ以上使ってください。
④ロケットは宇宙に行きます。周りの景色を描いてください。色は3つ以上使ってください。
⑤切った時に出た紙くずをくずかごに捨ててください。
※描いている時に先生から質問される。

〈時間〉　適宜

問題36　分野：行動観察

〈準備〉　玉（適宜）、カゴ（３個）、コーン（３本）
※この課題は１チーム５人、２チームの対抗で行う
※あらかじめ問題36の絵のように用具を配置しておく

〈問題〉　この問題の絵はありません。
ハイタッチ・じゃんけんゲーム
・それぞれの位置から、各チーム１人ずつスタート。
・ケンケンパで中央の位置まで進む。
・進んだところでハイタッチをしてからじゃんけん。
・勝った人はその位置で置いてある玉を取り、自分のチームのスタート位置にあるカゴに入れる。
・終わった人は自チームのコーンの後に体育座りをして並ぶ。
・次の人がスタート。
・10回程度繰り返し、持っている玉の多い方の勝ち。

〈時間〉　適宜

☆朝日塾小学校

問題２６

①

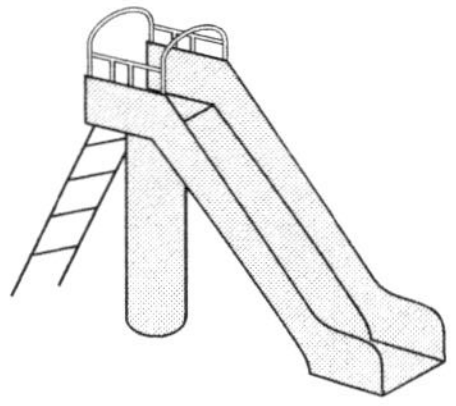
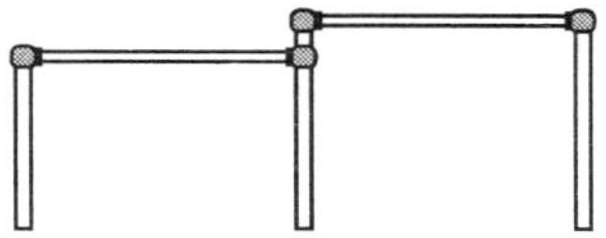
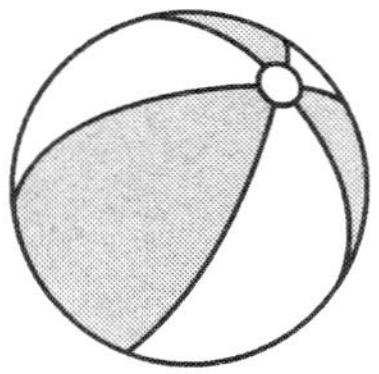
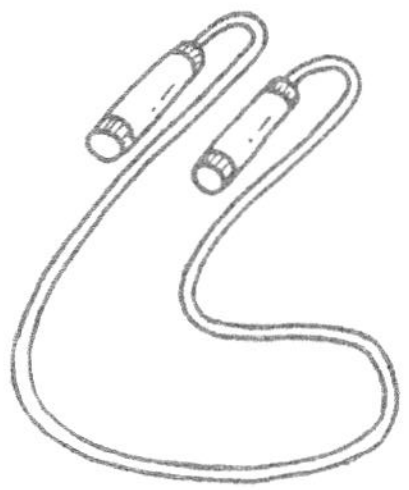

②

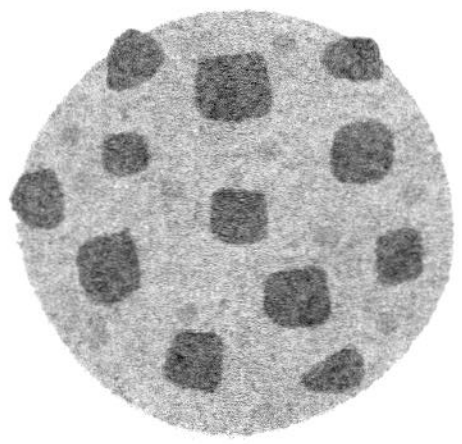

③

④

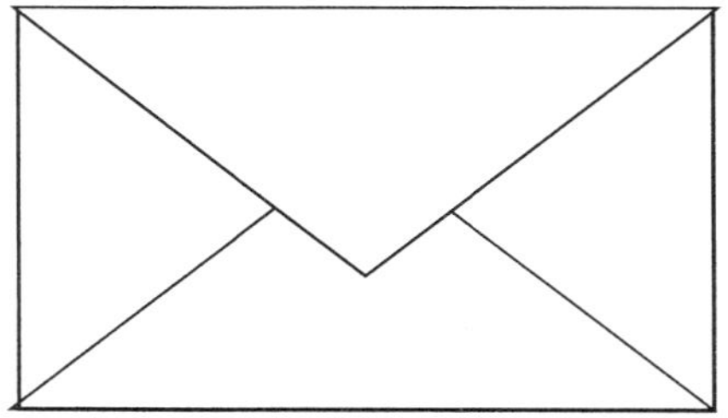

問題２７

☆朝日塾小学校

①

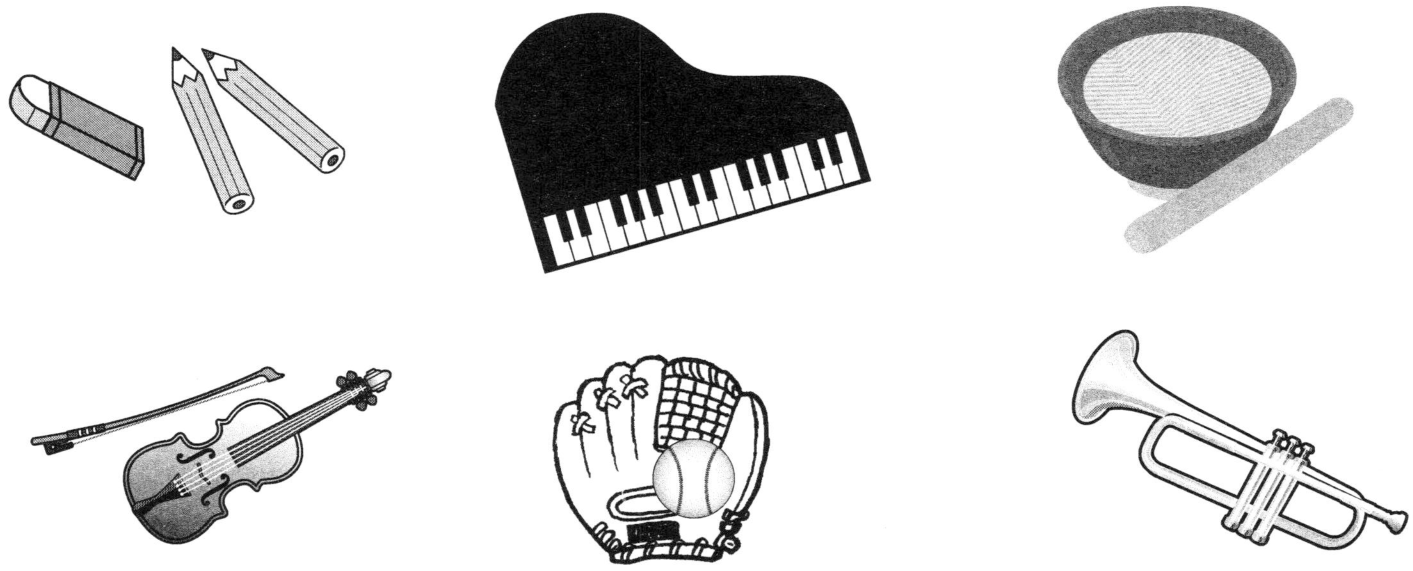

②

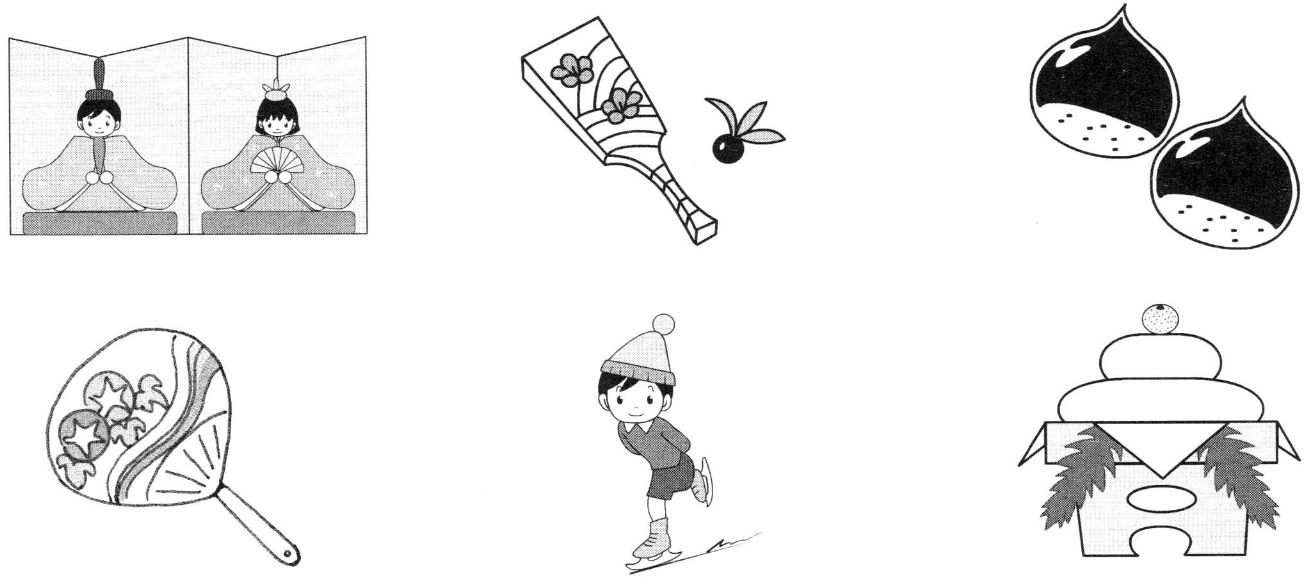

日本学習図書株式会社

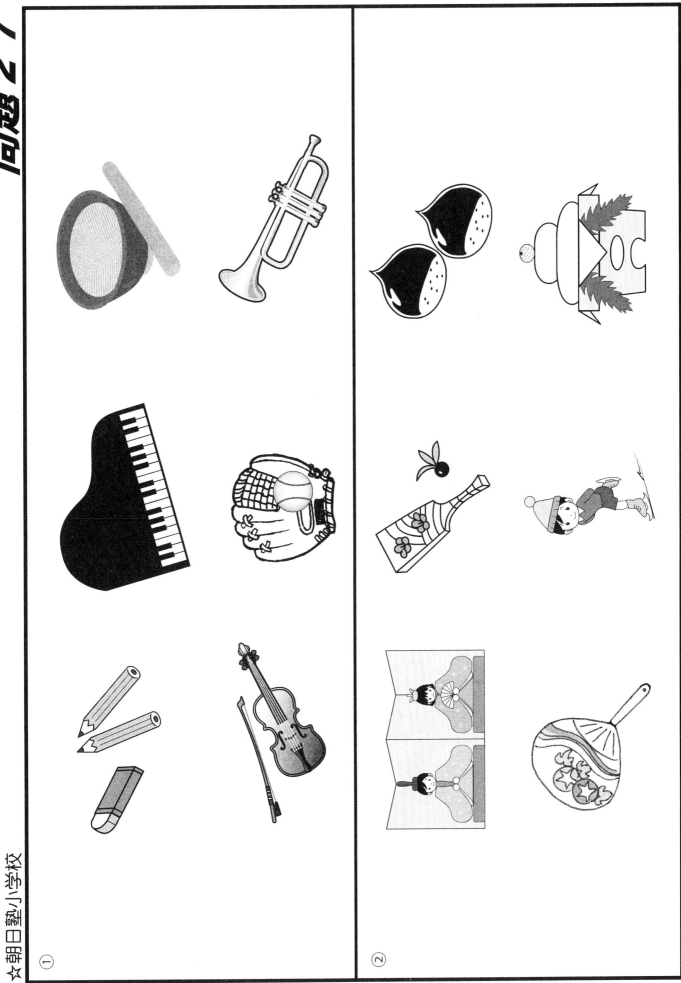

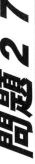

☆朝日塾小学校

問題２８

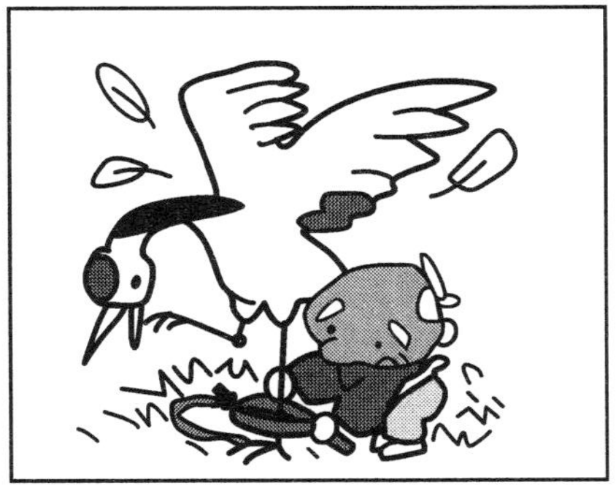
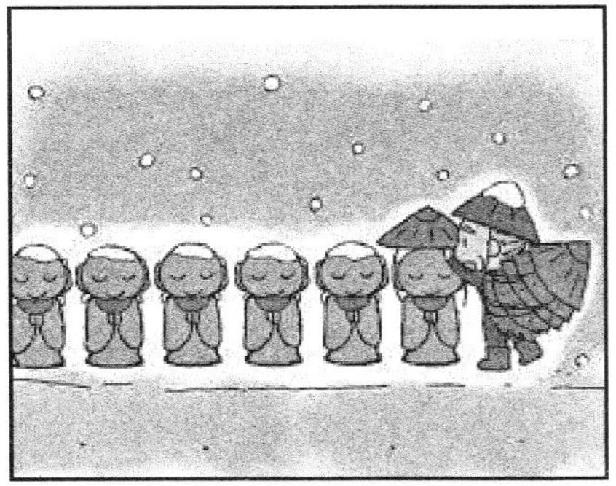
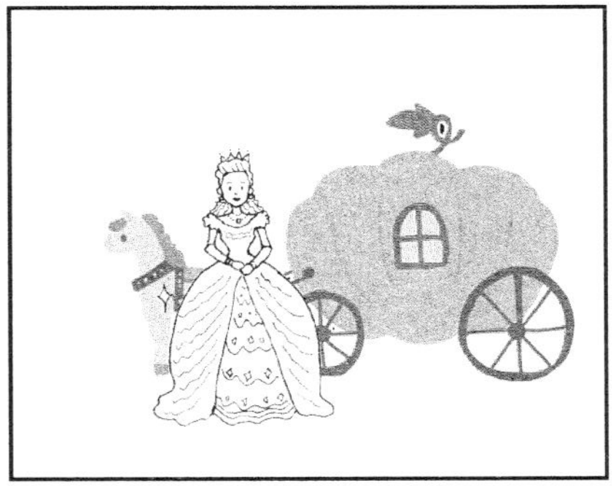
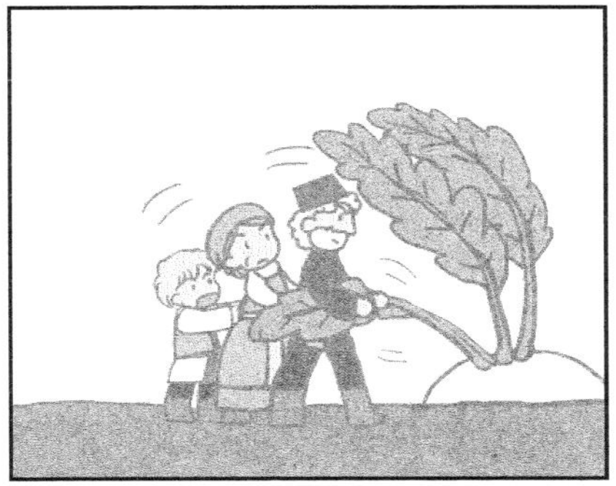

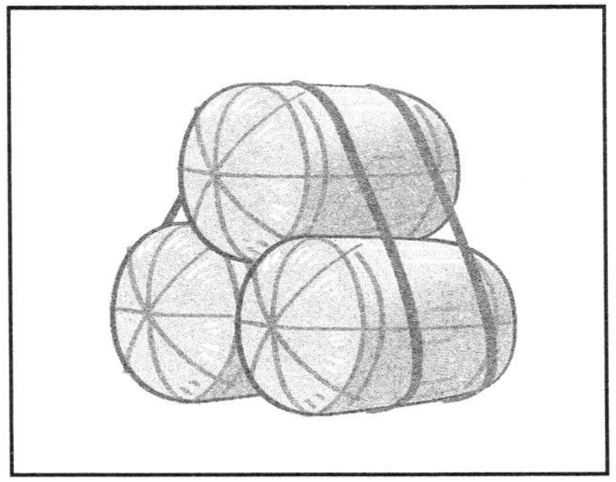
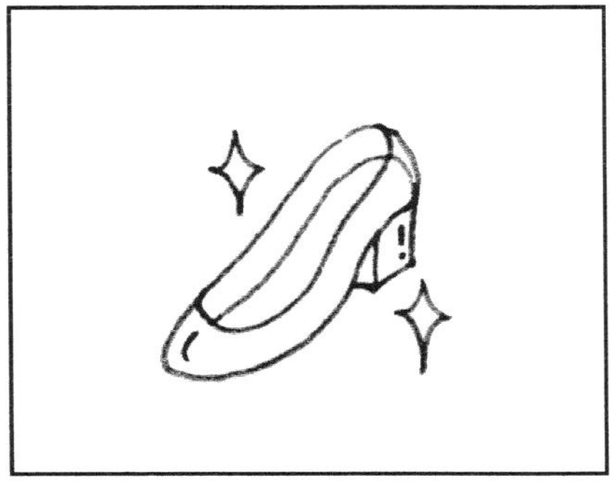
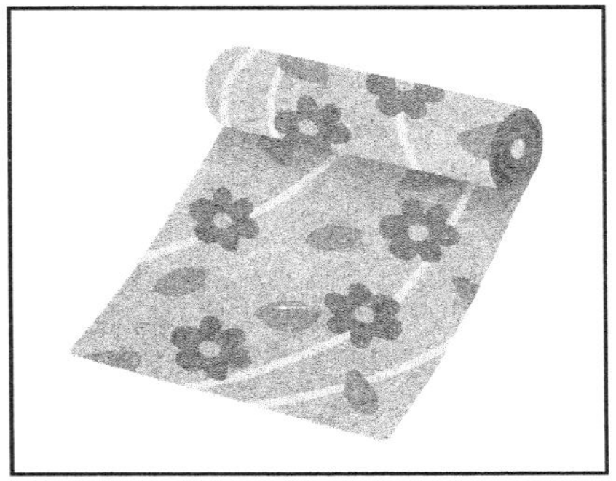
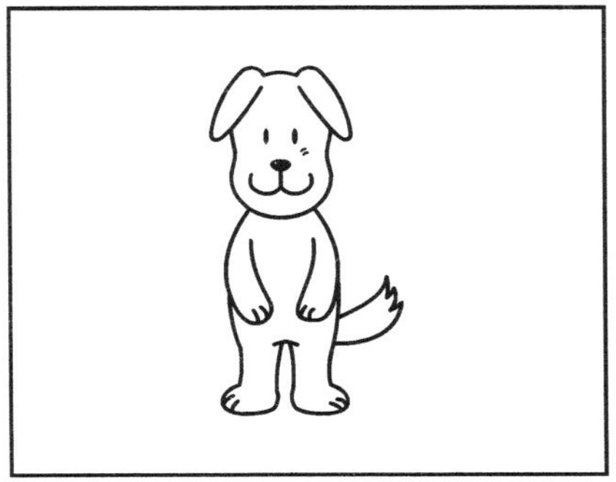

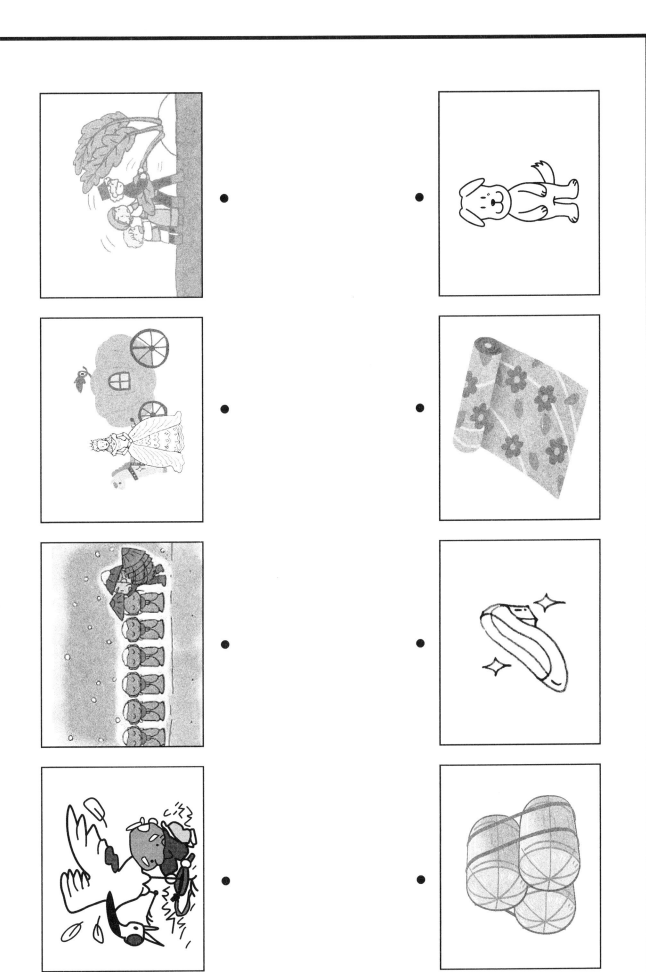

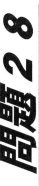

☆朝日塾小学校

問題２９

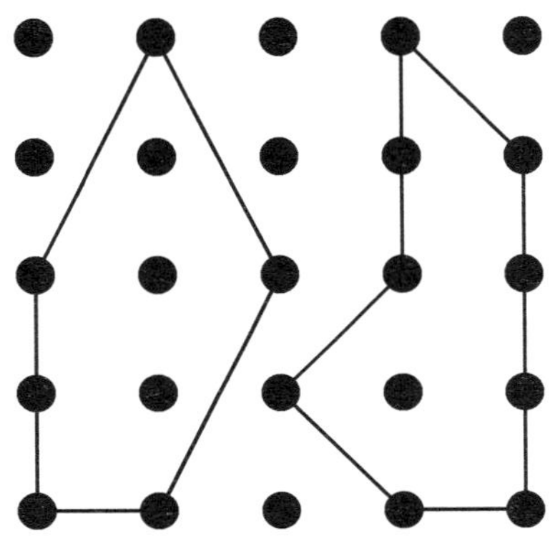

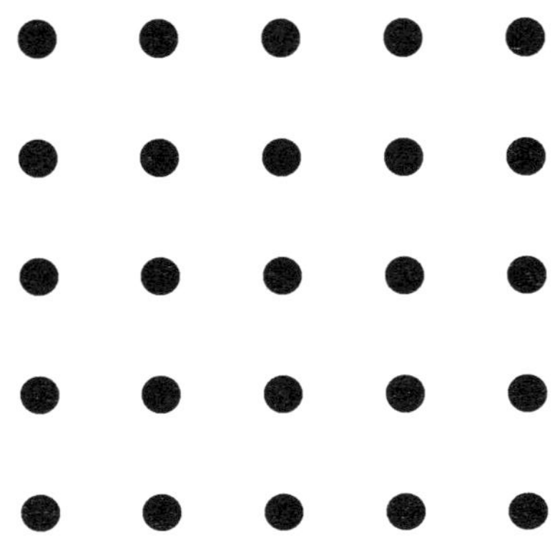

☆朝日塾小学校

問題３０

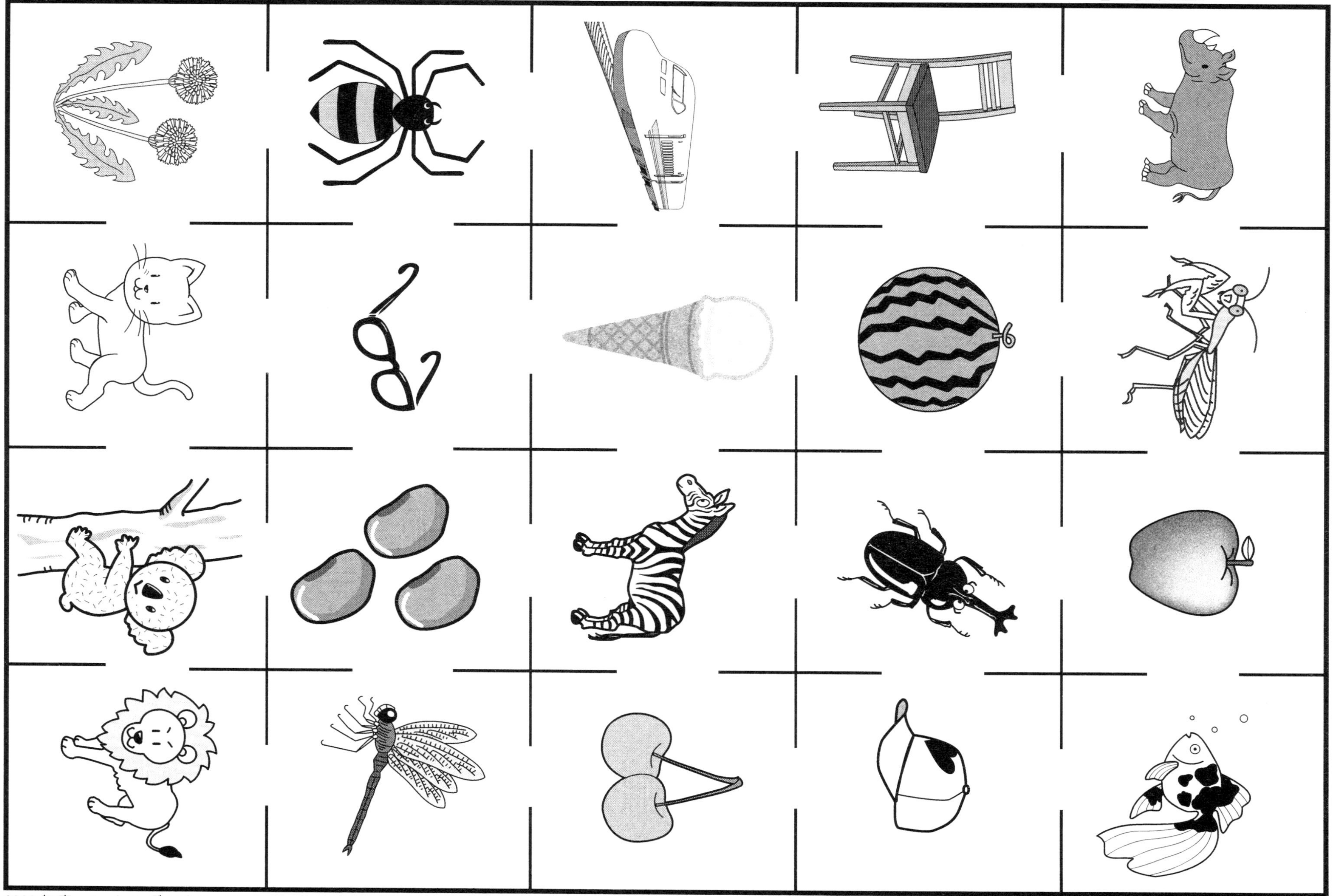

問題 3 1

☆朝日塾小学校

①

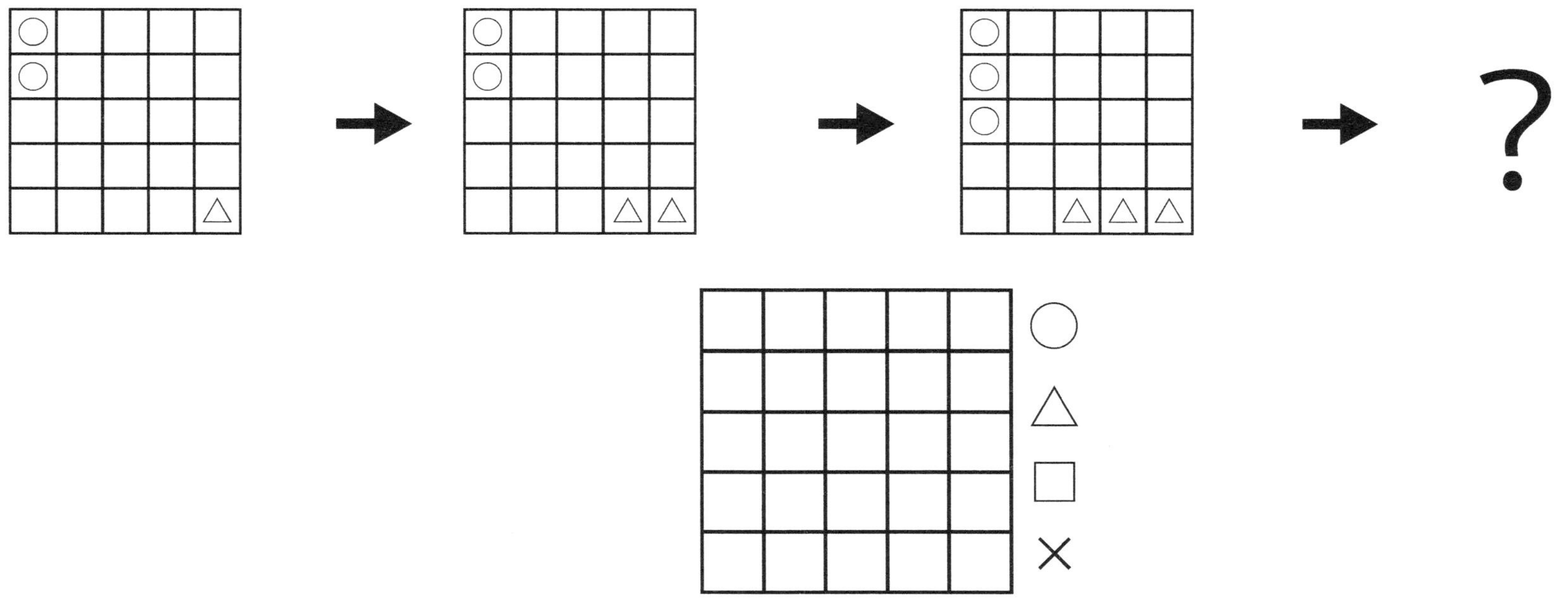

②

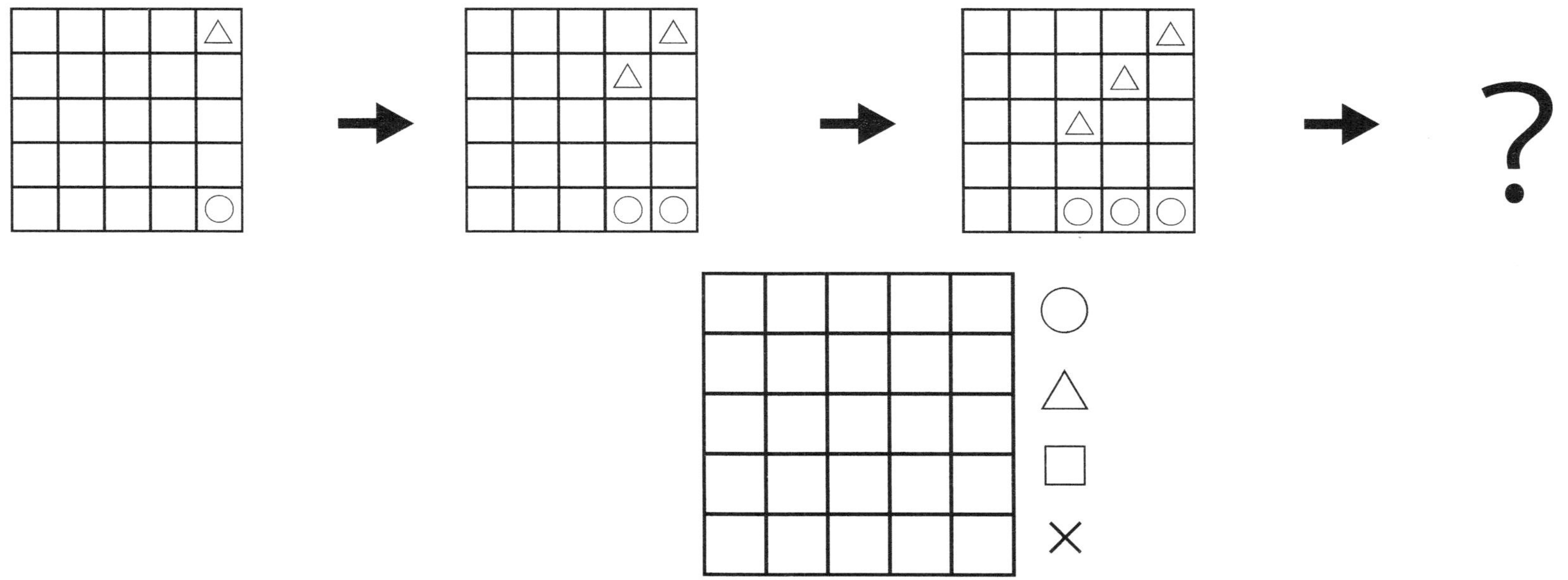

問題３２

☆朝日塾小学校

①

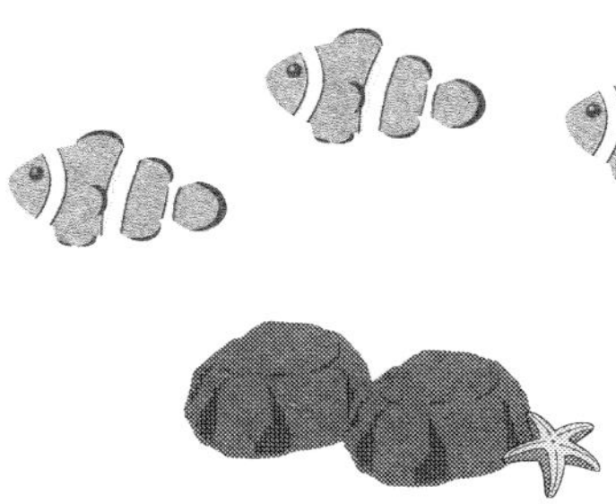

②

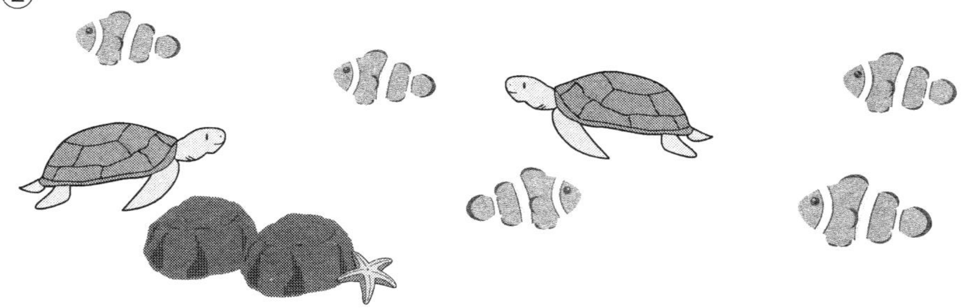

③

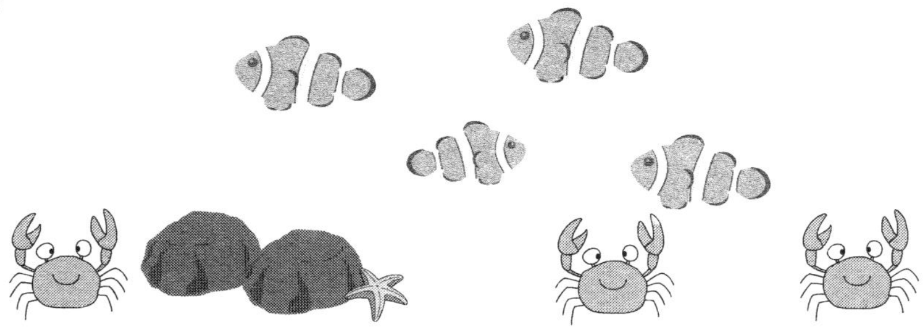

④

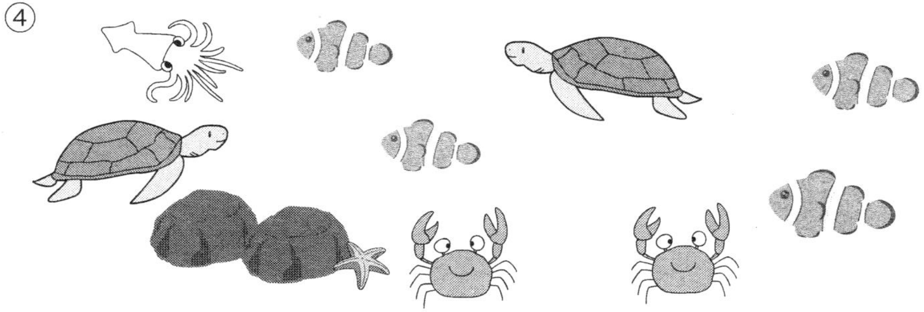

☆朝日塾小学校

問題３３

①

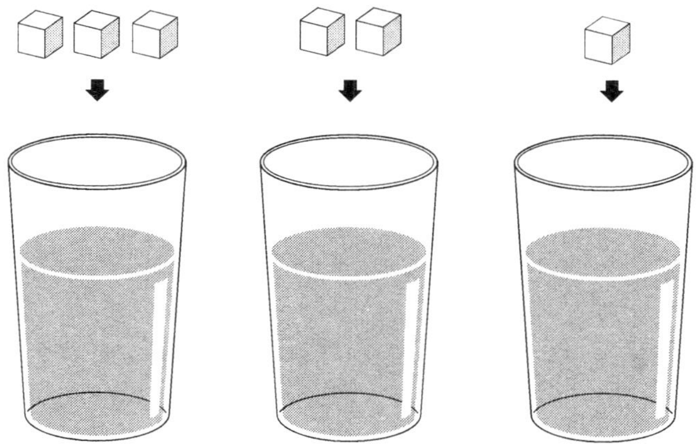

②

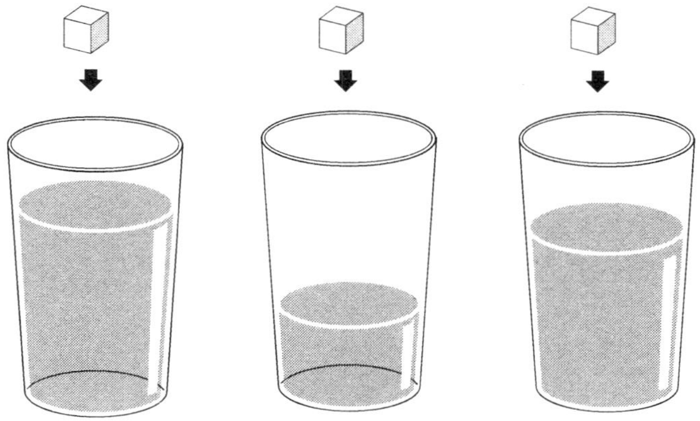

③

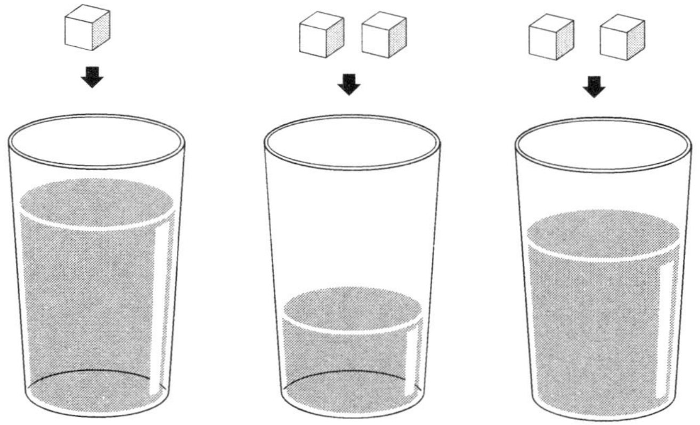

☆朝日塾小学校

問題３４

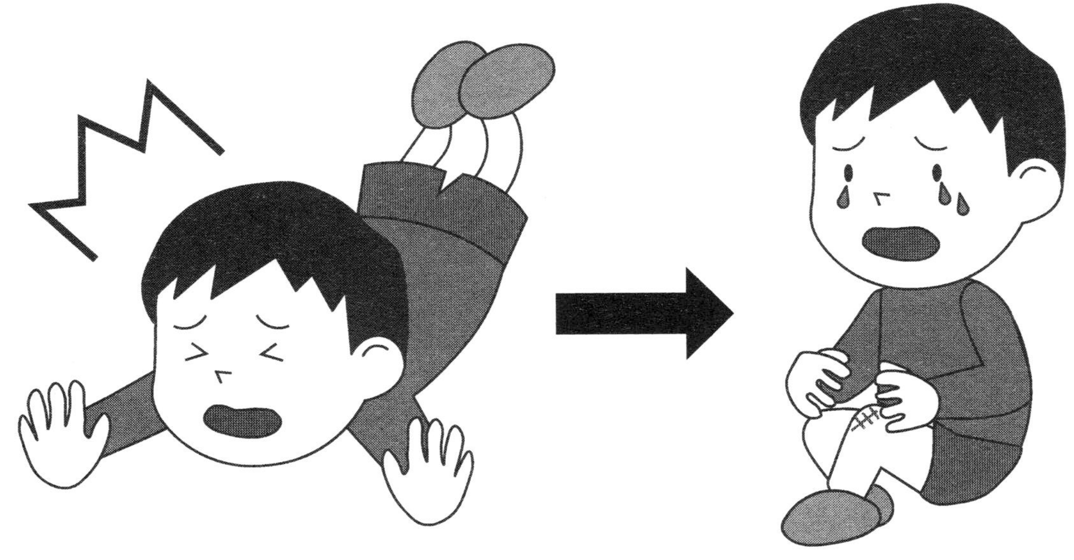

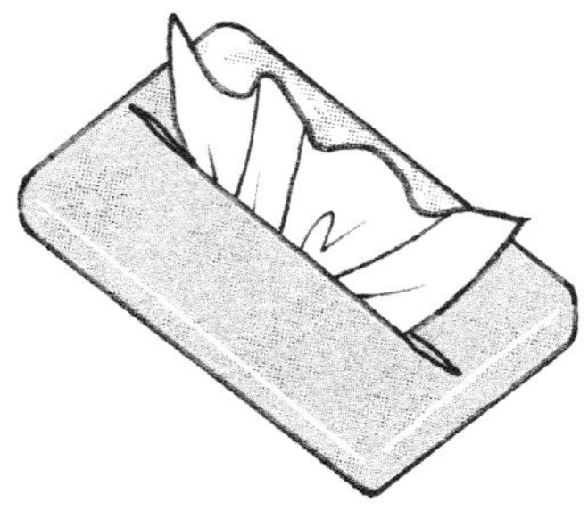

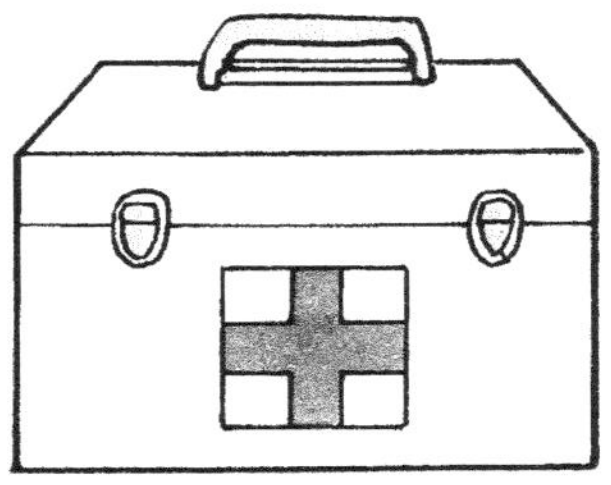

問題35

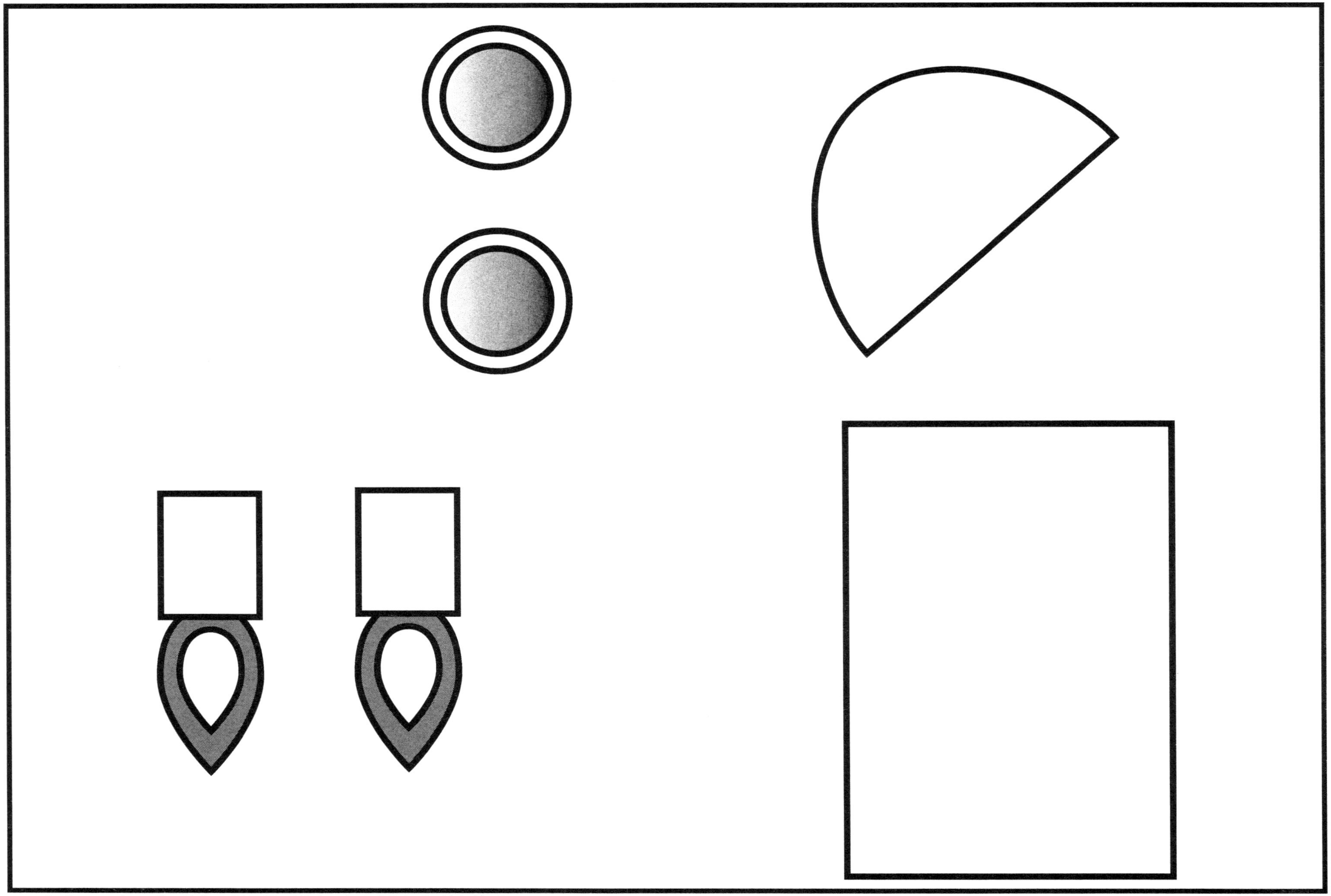

2021年度入試
解答例・学習アドバイス

解答例では、制作・巧緻性・行動観察・運動といった分野の問題の答えは省略されています。こうした問題では、各問のアドバイスを参照し、保護者の方がお子さまの答えを判断してください。

問題26　分野：お話の記憶

〈解答〉　①○：右端（なわとび）　②○：左から２番目　③○：６　④ピンクで塗る

お話はそれほど長くないものの、解答方法に指示があるという形です。ただし、お話の内容は変わるものの、例年同じ指示（色を塗る、○を書くなど）なので、過去問をやっておけば充分に対応できる問題でしょう。とは言っても、読み聞かせを中心に「聞く」学習は必要です。お話の記憶だけでなく、ほかの分野の学習にも活きてくることなので、「誰が」「何を」「どのように」といったポイントを聞くという学習を積んでおきましょう。

【おすすめ問題集】
１話５分の読み聞かせお話集①②、お話の記憶 初級編・中級編、
Ｊｒ・ウォッチャー19「お話の記憶」

問題27　分野：常識（季節、知識）

〈解答〉　①○：バイオリン、ピアノ、トランペット
②○：羽子板、スケート、鏡餅

当校でよく出題される、常識分野の問題です。生活常識、季節、楽器とさまざまなことが聞かれるのですが、聞かれるのはあくまで５・６歳のお子さまなら知っていて当然のこと、つまり年齢相応の常識です。ほとんどのことはふだんのくらし、日常で知ることができるものですから、保護者の方はお子さまが質問したらそれに答えるのは当然として、お子さまが興味を持ち辛い季節の行事や伝統行事などにも触れられる機会を設けてあげましょう。

【おすすめ問題集】
Ｊｒ・ウォッチャー11「いろいろな仲間」、12「日常生活」、
18「いろいろな言葉」、34「季節」

問題28　分野：常識（昔話）

〈解答〉　下図参照

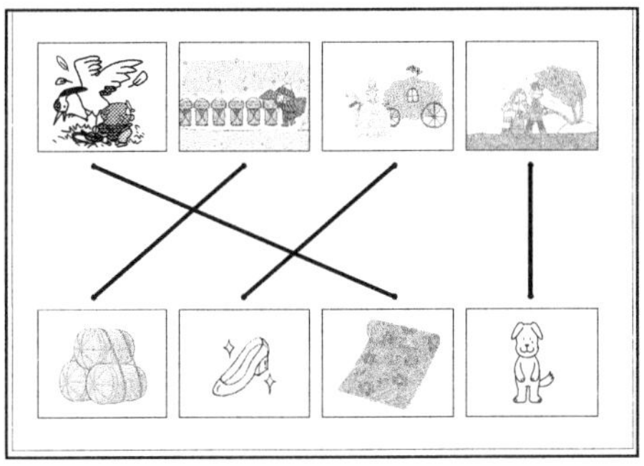

有名な昔話に関する常識問題です。こういった常識は前問のような生活常識とは違って、話を１度聞いておかないとなかなか答えがわかりません。話の中身を知らないで推測するのもかなり難しいので、やはり一度話を聞いておきましょう。少なくとも過去問で取り上げられているものくらいは押さえておいてください。読み聞かせてあげるのが１番ですが、難しいようならネットの動画やほかのメディアを利用してもかまいません。一度でも聞いておけばかなり変わるはずです。

【おすすめ問題集】

1話5分の読み聞かせお話集①②

問題29　分野：図形（点・線図形）

〈解答〉　省略

左側に書かれている見本の図形を右のマトリックスに書き写す問題です。始点（書き始めの点）と終点（書き終わりの点）の自分で決め、時間内に終えられるように、ていねいに線を引いてください。始点はどこでも構いませんが「上から○番目、左から×番目」と座標で確認してから線を引き始めます。滑らかな線でなければだめということはありませんが、雑に線を引くと筆記用具がうまく使えていないのではないか、集中力がないのではないかといった疑いを持たれてしまいます。そういうことがないようにできるだけ時間を使ってていねいに作業をしてください。

【おすすめ問題集】

Ｊｒ・ウォッチャー１「点・線図形」

問題30　分野：言語（しりとり）

〈解 答〉　下図参照

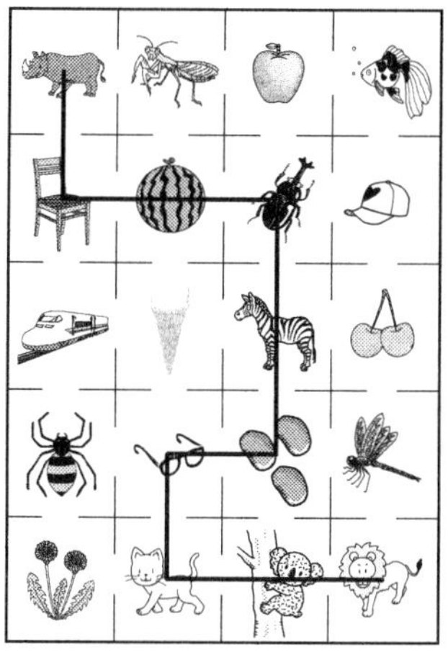

しりとりの問題です。絵の数は増えていますが、形式は例年と同じです。一見すると複雑な印象を受けますが、３～４の選択肢の中からつながる言葉を選んでいくことになるので、やってみるとそれほど難しくはありません。絵を見てそれがなにかわからなかった場合は、語彙がたりていないか、こうした問題に慣れていないかのどちらかです。語彙が足りない場合は、生活や読み聞かせの際に聞いた言葉を覚えていきましょう。そして、覚えた言葉をできるだけ使うようにすれば、それが自分の語彙になっていくのです。

【おすすめ問題集】

Ｊｒ・ウォッチャー49「しりとり」

問題31　分野：図形（系列）

〈解 答〉　下図参照

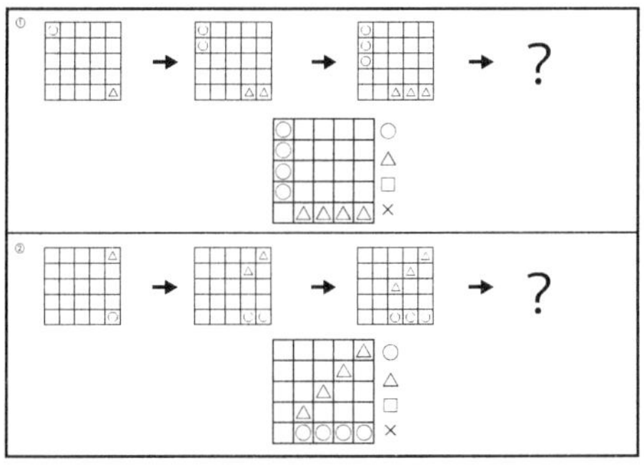

記号の並び方にパターン（お約束）を見つける「系列」の問題です。よく考えて答えを出しましょう。この問題の場合は、○や△が１つずつ、それぞれの方向に増えていくというだけなのでそれほど悩むことはないと思いますが、系列の問題にあまり馴染みのないお子さまは戸惑うでしょう。記号が一列に並んでいる系列の問題にはハウツーがありますが、それはここでは使えません。前の３つのマス目に書いてある記号がどのように変化していて、４つ目はどのようになるかと考えないと答えは出ません。

【おすすめ問題集】

Ｊｒ・ウォッチャー６「系列」

問題32　分野：数量（計数）

〈解 答〉　①○：６　②○：５　③○：３　④○：９

単純に数える問題です。何を数えるのかの指示を把握しておけば間違えることはないでしょう。例えば②は「カメはみんな帰ってしまいました」とありますが、これを聞いて「カメ以外を数えるという指示だ」とわかればよい、ということです。数え間違いを未然に防ぐために、数える方向を一定にしたり（左から右へ、上から下へ）、数えた後に見直しをするなどの工夫をすればケアレスミスも少なくなります。

【おすすめ問題集】

Ｊｒ・ウォッチャー14「数える」、37「選んで数える」

問題33　分野：数量（比較）

〈解 答〉 ①○：左端　②○：真ん中　③○：真ん中

濃度の問題です。角砂糖の数／水の量＝濃度という式では考えず、「同じ量の水に多くの角砂糖を入れた方が甘くなる」「同じ角砂糖を入れた場合、水の量が少ない方が甘くなる」という経験則から推測します。小学校受験の問題のほとんどは、こういったくらしで知る知識を応用して答えるということになっていますから、安易に学習の先取りをして数式を教えたり、文字を教えたりすることは避けた方がよいでしょう。

【おすすめ問題集】
Ｊｒ・ウォッチャー15「比較」、58「比較②」

問題34　分野：常識（生活常識）

〈解 答〉 省略

状況によっても対応は違うでしょうから、一概にどれが正解とはなかなか言いにくい問題です。学校発表された資料にも明確な正解というものはなく、そこには「評価のポイントは自分で考えたことを人に伝えられること」とあります。つまり、自分で判断し、その理由を相手に伝わるように話せればどの絵を選んでもよいということなので、どれが正解か、ということにこだわる必要はないのです。理由を含めてお子さまの答えが常識的なものであれば正解としてください。もし、間違っていると感じたら、お子さまが納得するような理由を含めてお子さまを指導するようにしてください。

【おすすめ問題集】
Ｊｒ・ウォッチャー30「生活習慣」

問題35　分野：制作・行動観察

小学校受験の制作問題は「自由に…」と言われない限り、手順を含めて指示を理解して実行できるかということが評価されるものです。制作も行動観察の１つなので、授業のシュミレーションと考えた方がよいでしょう。教える側としては、指示を年齢なりに理解してその通りに行動してくれることが重要な評価ポイントになるので、それができていれば評価が高くなるものですし、逆に指示を守っていなければ作品の出来がよくても評価が低くなるものです。こういったことがお子さまには少し理解しにくいことですから、お子さまが指示を聞くことが苦手だったり、マイペースで物事を進める傾向があるようなら、その点だけは注意するように言っておきましょう。

【おすすめ問題集】
Ｊｒ・ウォッチャー29「行動観察」

問題36　分野：行動観察

さまざまな評価ポイントがありますが、グループで行う行動観察では、まず協調性がチェックされます。指示を聞き、理解した上で協調して行動できるかということです。積極的に行動することも大切ですが、強引にイニシアチブを取ろうとすると、ほかの人が不満を持ったり、うまく行動できなくなることもあります。お子さまの性格によってアドバイスは異なってくるでしょうが、たいていのお子さまには「ふだんどおりに行動して」と言えば、妙な緊張もしないので、無事に切り抜けられるでしょう。

【おすすめ問題集】

　Ｊｒ・ウォッチャー29「行動観察」

〈朝日塾小学校〉

※問題を始める前に、本文の「家庭学習ガイド」「本書ご使用方法」「ご使用にあたっての注意点」をご覧ください。

2020年度の最新問題

問題37　分野：お話の記憶

〈準 備〉　クーピーペン（12色）

〈問 題〉　お話を聞いて、後の質問に答えてください。
こうじ君は鉄棒が得意で、みのりちゃんはなわとびが得意です。２人はいっしょに公園で遊ぶのを楽しみにしていました。みのりちゃんは今日、こうじ君と公園で遊ぶ約束をしていたので、とても楽しみにしていましたが、雨が降って行けなくなってしまいました。みのりちゃんはがっかりして泣いてしまいました。お母さんがみのりちゃんの近くに来て、こうじ君の家までクッキーを作って届けに行きましょう」と言いました。みのりちゃんは一生懸命クッキーを作りました。星形、丸、ハート形のクッキーを合計６枚作って、それを箱に詰めました。みのりちゃんはクッキーといっしょに手紙を書くことにしました。「今度晴れたら、公園に行こうね」と書いた手紙をピンク色の封筒に入れて、こうじ君へ持っていきました。こうじ君はその手紙とクッキーをもらうと大変喜び、「ありがとう、公園に行くの約束だよ」と言いました。

①みのりちゃんが得意なものに○をつけてください。
②作っていないクッキーの形を黄色のクーピーペンで×をつけてください。
③作ったクッキーの数だけ○を書いてください。
④みのりちゃんが手紙を入れた封筒の色で丸を塗ってください。

〈時 間〉　各15秒

〈解 答〉　①なわとび　②×（黄色）：左端　③○：６　④ピンク色で塗る

［2020年度出題］

学習のポイント

お話はそれほど長くないものの、質問が４問あり、解答方法に指示（色を変える、色を塗る）があるなど、やるべきことが多い問題です。ただ、こうした出題のパターンには変化がないので、過去問を中心に取り組んで慣れておきましょう。基本的にはお話に出てくる内容が問われていますが、例年、「〇〇しないものはどれでしょう」という問題があるので、気を付けましょう。とは言っても、消去法で考えていけば正解できるので、それほど難しく考える必要はありません。読み聞かせを中心にした学習で充分に対応できる問題です。まずは、「聞く」ことを第一に考え、慣れてきたら問題に取り組むという形で進めていきましょう。

【おすすめ問題集】
　１話５分の読み聞かせお話集①②、お話の記憶　初級編・中級編、
　Ｊｒ・ウォッチャー19「お話の記憶」

問題38　分野：図形（系列）

〈準 備〉　クーピーペン（黒）

〈問 題〉　上の段を見てください。四角の中の記号はあるお約束通り増えています。このお約束通りに増えるならば、右から２番目の四角の中の記号はどうなっていますか。正しいものに○をつけてください。

〈時 間〉　各30秒

〈解 答〉　右下

［2020年度出題］

学習のポイント

この問題は、記号がどのように並んでいるのか、お約束を見つける「系列」の問題です。この分野のほとんどは記号が一列に並んでいるものですが、この問題はそれらと違って、記号がマス目にあるのでどのように並んでいるのか見つけにくく、お子さまは難しく思うかもしれません。この形式の「系列」の問題を練習するならば、記号の移動を指でたどるのも１つの方法です。この方法で繰り返し学習をしていけば、だんだんと記号がどのように動いていくか、予測できるようになります。ある程度、慣れてきたら指を使わずに見て確認できるようにしましょう。指を使うことに慣れてしまうと、考えることよりも指に頼って答えを出そうとしてしまいます。それでは小学校入学後に活かせることができません。入学のための学習ではなく、入学後にも活かせる学習をさせる、ということを念頭に保護者の方は指導にあたってください。

【おすすめ問題集】
　Ｊｒ・ウォッチャー６「系列」

問題39　分野：常識（季節、知識）

〈準備〉　クーピーペン（黒）

〈問題〉　この問題の絵は縦に使用してください。
①冬に関係のあるものに○を、楽器に△をつけてください。
②関係のあるもの同士を線で結んでください。

〈時間〉　1分

〈解答〉　下図参照

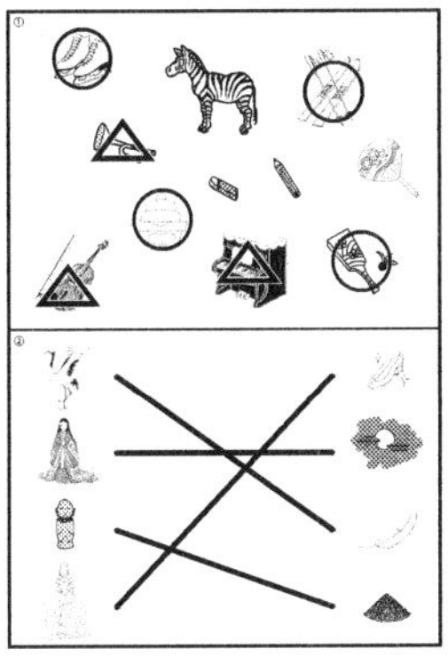

［2020年度出題］

学習のポイント

当校ではよく出題される、常識分野の問題です。ここで出題されているジャンルは季節、楽器、童話・童謡と幅広くなっています。ですからどのジャンルが出てきても解けるように対策をとっていきましょう。絵を見ると、身近なものばかりが出題されていることがわかります。これはそれらをお子さまが生活の中で触れているか、ということを観ているということです。例えば、①の鏡餅を正月に飾っているお家とそうでないお家だと、この問題の難しさは変わってきます。②の問題も同様です。ですから、保護者の方はお子さまにさまざまな経験をさせるように努めましょう。

【おすすめ問題集】
Ｊｒ・ウォッチャー11「いろいろな仲間」、12「日常生活」、
18「いろいろな言葉」、34「季節」

問題40　分野：言語（しりとり）

〈準　備〉　クーピーペン（黒）

〈問　題〉　この問題の絵は縦に使用してください。
左上の「サイ」から、右下の「ラッコ」まで、しりとりになるように線でつないでください。ただし、斜めには進めません。

〈時　間〉　２分

〈解　答〉　下図参照

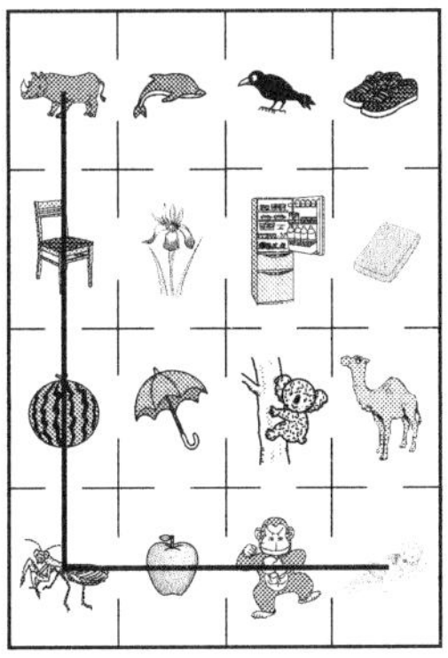

［2020年度出題］

学習のポイント

しりとりの問題は毎年出題され、形式も同じです。イラストが何を表しているかがわかり、正確な名称で発音できれば特に困ることはありません。間違えたり、戸惑ったりするようなら、原因を考えてみましょう。単に語彙が足りない場合はしりとりなどの言葉遊びをし、イラストが何を表しているかがわからない場合は、「言葉カード」などの知育玩具や、同じような類題を数多く解いてください。入試で困ることはなくなるはずです。また、こうした問題に答えるためというだけでなく、お子さまにさまざまな体験、経験をさせることと語彙の発達は大きなつながりがあります。例えば、料理のお手伝いをすれば、包丁やまな板といった調理用品や食材の名前を覚える機会が生まれます。掃除をすれば掃除道具の名前や家の前の道路に落ちている落ち葉の名前を覚えることもできます。それは必ず試験に出るということではありませんが、言葉を知るということがそういった体験の積み重ねであることを保護者の方は知っておいてください。

【おすすめ問題集】
　Ｊｒ・ウォッチャー49「しりとり」

問題41　分野：数量（比較）

〈準 備〉　クーピーペン（黒）

〈問 題〉　それぞれのコップの水に角砂糖を入れると、どのコップの水が１番甘くなりますか。○をつけてください。

〈時 間〉　30秒

〈解 答〉　真ん中

［2020年度出題］

学習のポイント

この問題は「角砂糖を入れたら、どのコップの水が１番甘くなるか」という比較の問題です。小学校受験の問題なので、数式を使うことはできません。ですから感覚として、「どのコップの水が１番甘いか」答えられなければいけません。その感覚を養っていくには、やはり経験が必要です。この問題と同じ様に複数のコップを用意し、角砂糖を入れて、どれが１番甘いか、実験をしてみましょう。水を一定の量にし、砂糖の個数を変えたり、水の量をバラバラにして、砂糖の個数を同じにしたり、とさまざまな実験を行っていきましょう。そうすれば、「水や砂糖の量を見て、これぐらいの甘さになるな」というような感覚が養っていきます。

【おすすめ問題集】

Ｊｒ・ウォッチャー15「比較」、58「比較②」

問題42　分野：数量（計数）

〈準 備〉　クーピーペン（黒）

〈問 題〉　①魚は合計で何匹いるでしょうか。その数だけ○を書いてください。
②絵を見てください。カメがいます。このあとカメが２匹やってきて、３匹どこかへ行ってしまいました。今、カメは何匹いるでしょうか。その数だけ○を書いてください。
③カニと魚を合わせると何匹いるでしょうか。その数だけ○を書いてください。

〈時 間〉　１分

〈解 答〉　①○：６　②○：３　③○：８

［2020年度出題］

学習のポイント

本問は四角に描かれているものをかぞえる問題です。過去にも何度か出題されていて、今後も出題されるかもしれませんので、対策をとっておくとよいでしょう。この問題では海の生きものがランダムに配置されています。数え間違いを未然に防ぐために、かぞえる方向を一定にしたり（左から右へ、上から下へ）、かぞえた後に見直しをするなどの工夫をしましょう。②は、絵の状況が変化する（カメが２匹来て、３匹どこかへ行く）問題です。単純な計数だけでなく、こうした問題が出ていることで、当校の入試が指示の理解を観点の１つにしていることがうかがえます。

【おすすめ問題集】
Ｊｒ・ウォッチャー14「数える」、37「選んで数える」

問題43　分野：図形（点・線図形）

〈準備〉　クーピーペン（黒）

〈問題〉　左の四角の絵と同じになるように、右の四角の点をつないでください。

〈時間〉　各30秒

〈解答〉　省略

［2020年度出題］

学習のポイント

それほど複雑でもない図形を書き写すだけの、いわば「作業」に近い問題です。観点は①正確に書き写しているか　②（年齢なりに）ていねいに作業をしているか　という２点でしょう。①に関しては、その線の始点と終点を正確に把握していれば間違うことはありません。その把握だけはしっかりと行ってください。②は言い換えれば、筆記用具が正しく使えているかをチェックしているということです。少々線が歪んでいても気にすることはありませんが、正しく握っていないと筆圧が強くなって線が太くなったり、滑らかに線が引けなくなります。「あまりにもひどい」といった結果になっていた場合は、保護者の方が、運筆の指導をしてください。

【おすすめ問題集】
Ｊｒ・ウォッチャー１「点・線図形」、51「運筆①」、52「運筆②」

問題44　分野：常識（生活常識）

〈準備〉　クーピーペン（黒）

〈問題〉　男の子が転んで泣いています。下の選択肢の中からあなたが次にとる行動を選んで○をつけてください。

〈時間〉　1分

〈解答〉　どれでも○

［2020年度出題］

学習のポイント

解答にどれでもよいと書きましたが、評価の順は「先生に言う」「救急箱」「ティッシュ」「お友だちに言う」でしょうか。ただし、ケガの程度によっても、状況によっても変わる話なので、一概にどれが正解とはなかなか言いにくい問題です。ここでは「知らないふりをする」といったあきらかに間違いの選択肢はないので、「いままで同じような状況でどのような判断をしてきたか」「どのように教えられてきたか」ということを知るための問題と考えましょう。お子さまの判断が保護者の方の判断と違った時には、その理由を聞いてください。お子さまの理由が納得いくものであればそのままでよいでしょうし、間違っていると感じたら修正すればよいでしょう。

【おすすめ問題集】

Ｊｒ・ウォッチャー29「行動観察」、30「生活習慣」

問題45　分野：制作

〈準備〉　クーピーペン（12色）

〈問題〉　（問題45の絵を渡す）
①ロケットを3色以上で塗ってください。
②塗り終えたら、周りに星など好きな絵を描いてください。

〈時間〉　適宜

〈解答〉　省略

［2020年度出題］

学習のポイント

制作の問題の観点は指示の理解とその実行です。作品の出来の良し悪しは二の次ですから、保護者の方もその認識を持つようにしてください。ここではそれほど複雑な指示もありません。「（３色の）好きな色で塗ってよい」、「星などの絵を周りに描く」といった自由度の高い指示が出されていますが、指示を守らなかったり、指示以外のことをしていればよい評価は得られません。制作など、ノンペーパーの課題は大きな意味では「行動観察」の課題なのです。年齢相応の「指示を聞いて理解し、実行する」「コミュニケーションがとれる」「協調性がある」といったお子さまの能力を測っているのだということを理解して、お子さまの指導に当たってください。

【おすすめ問題集】

Ｊｒ・ウォッチャー29「行動観察」、30「生活習慣」

問題46　分野：行動観察

〈準　備〉　平均台

〈問　題〉　この問題の絵はありません。

ドンジャンケン（２チーム対抗で行う）

・平均台の両側から、各チーム１人ずつスタート。
・ぶつかったところでジャンケン。
・負けた人は平均台を降りる。同時に負けたチームの次の人がスタート。平均台を降りた人は自分のチームの列に戻って１番後ろに並ぶ。
・勝った人はそのまま進む。
・平均台から落ちたら、落ちたチームの次の人がスタート。
・落ちた人は自分のチームの列に戻って１番後ろに並ぶ。
・先に相手の陣地に着いたチームの勝ち。

〈時　間〉　適宜

〈解　答〉　省略

［2020年度出題］

学習のポイント

このように、グループで行う活動は、行動力や協調性などお子さまの性格を観察するのに適しています。まずは先生の指示をしっかりと聞き、課題に取り組んでください。指示の内容を理解しているか、約束を守っているか、積極的に行動しているか、お友だちと協力しあっているか、お友だちの邪魔をしないかなど、評価のポイントはさまざまです。日頃から、家族とのコミュニケーションやお友だちとの遊びを通し、集団の中でのマナーやルールを自然に身に付けながら、人を尊重し協力しあうことを学んでいきましょう。なお、先生が説明をしている時や、順番を待っている時の態度や姿勢も評価されます。

【おすすめ問題集】

Ｊｒ・ウォッチャー29「行動観察」

☆朝日塾小学校

問題３７

①

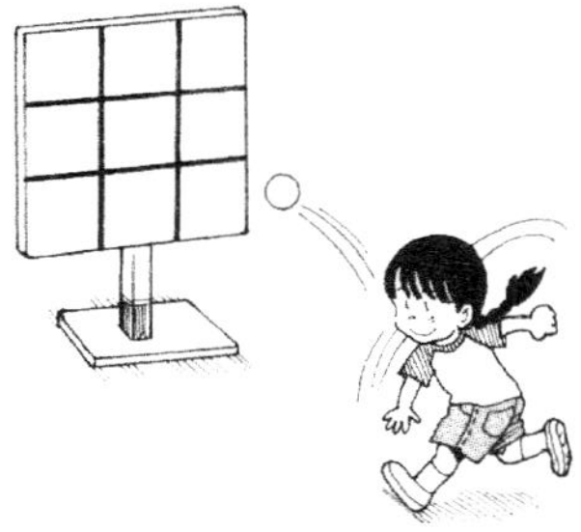

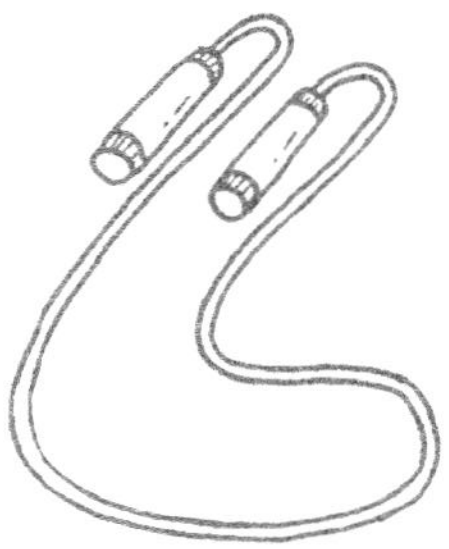

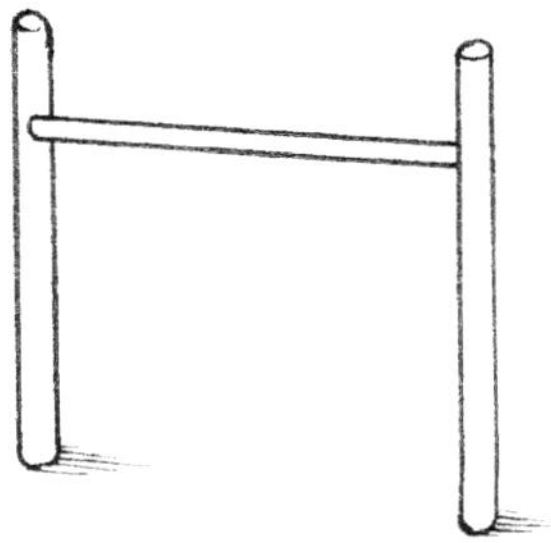

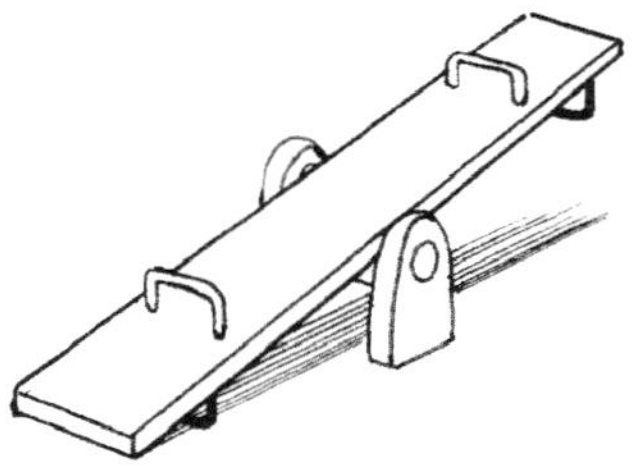

②

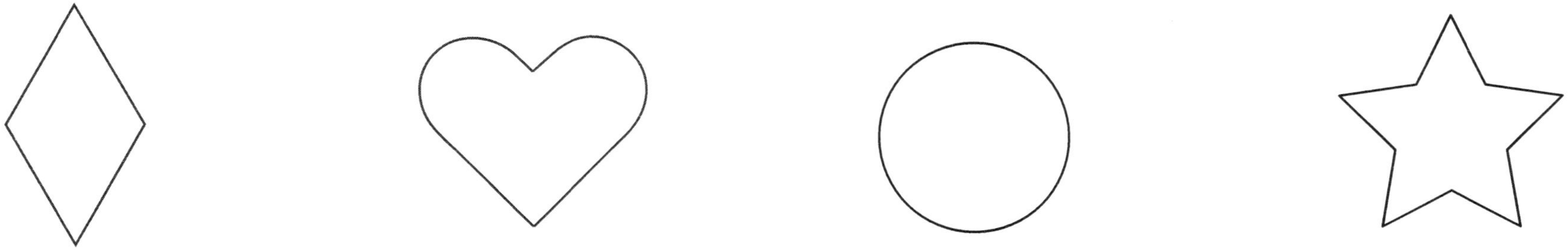

③

④

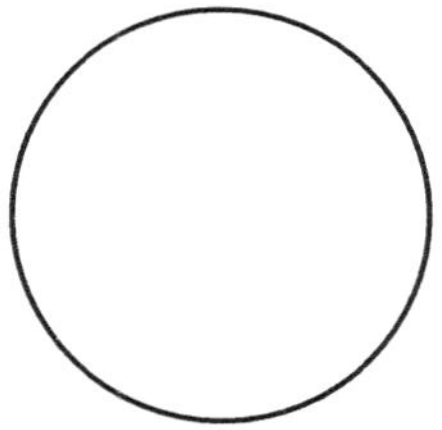

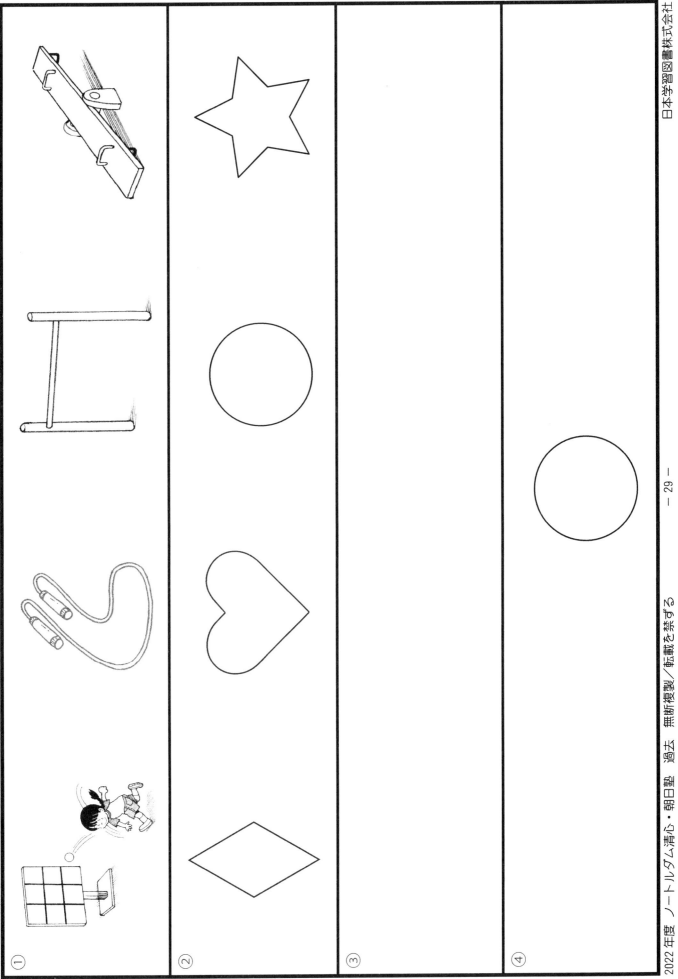

☆朝日塾小学校

2022 年度 ノートルダム清心・朝日塾 過去 無断複製／転載を禁ずる　日本学習図書株式会社

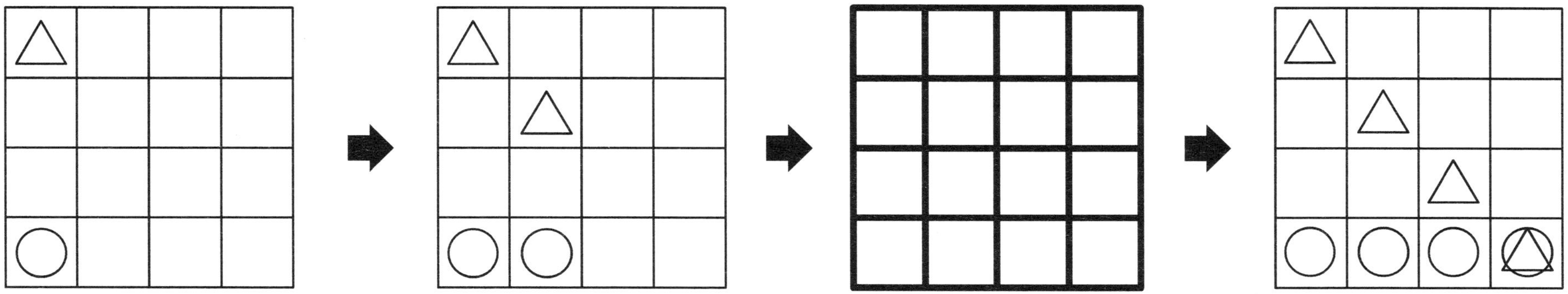

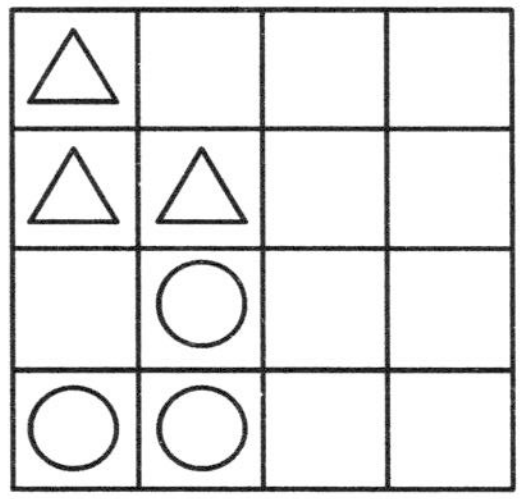

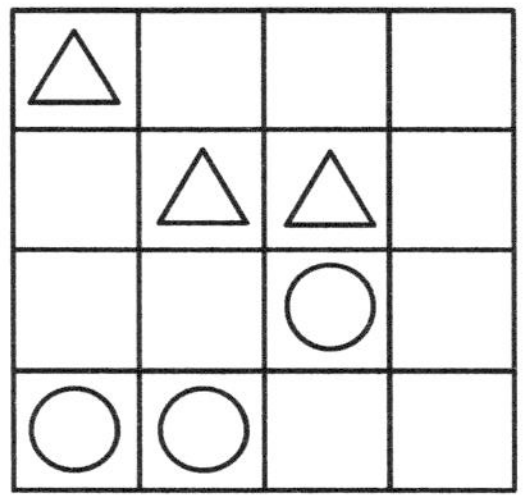

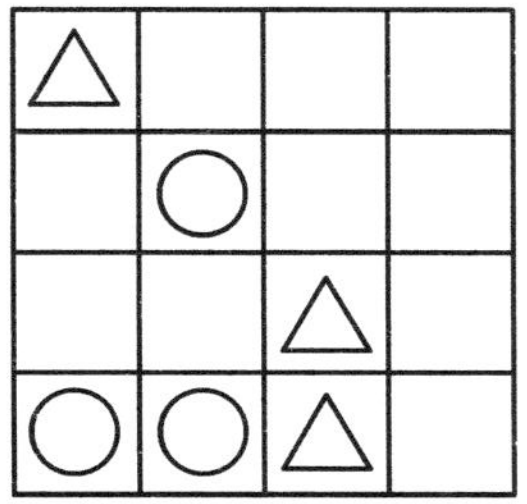

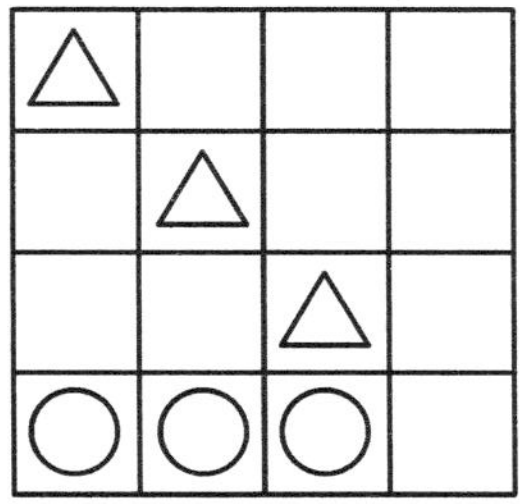

問題３９

①

②

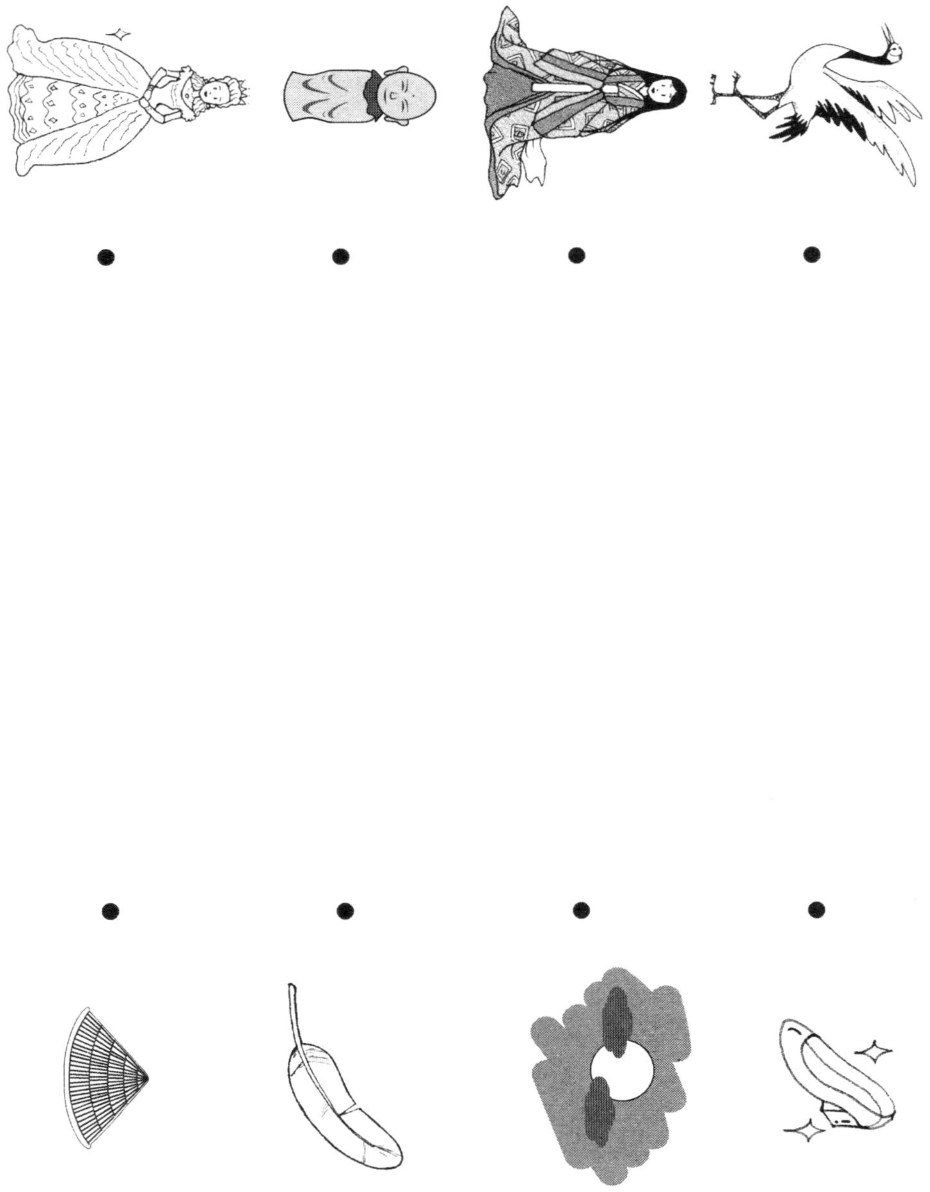

☆朝日塾小学校

問題４０

☆朝日塾小学校

問題41

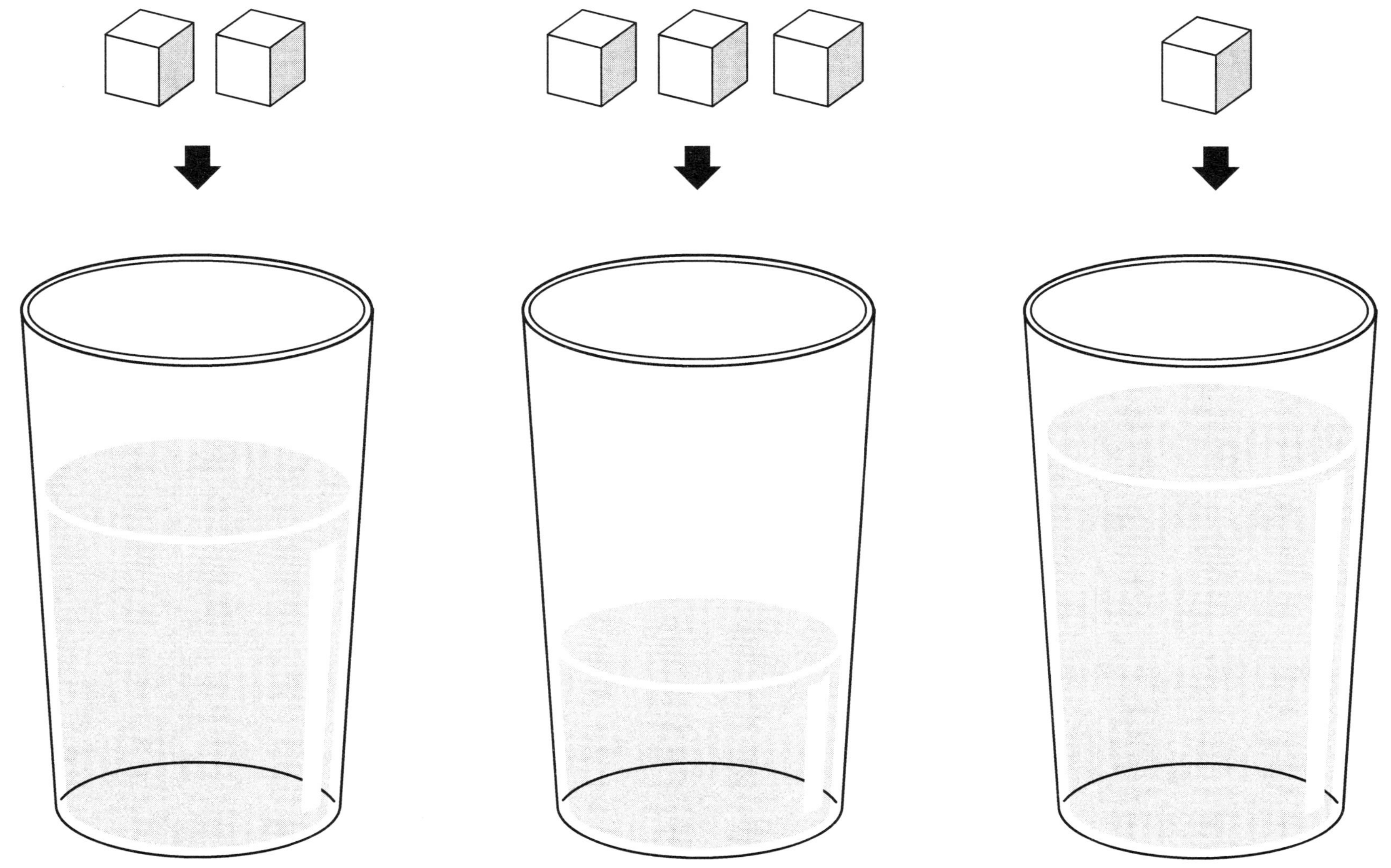

☆朝日塾小学校

問題４２

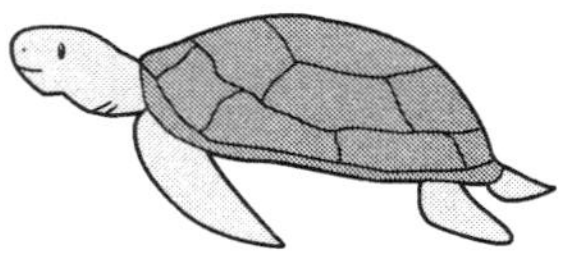

☆朝日塾小学校

問題４３

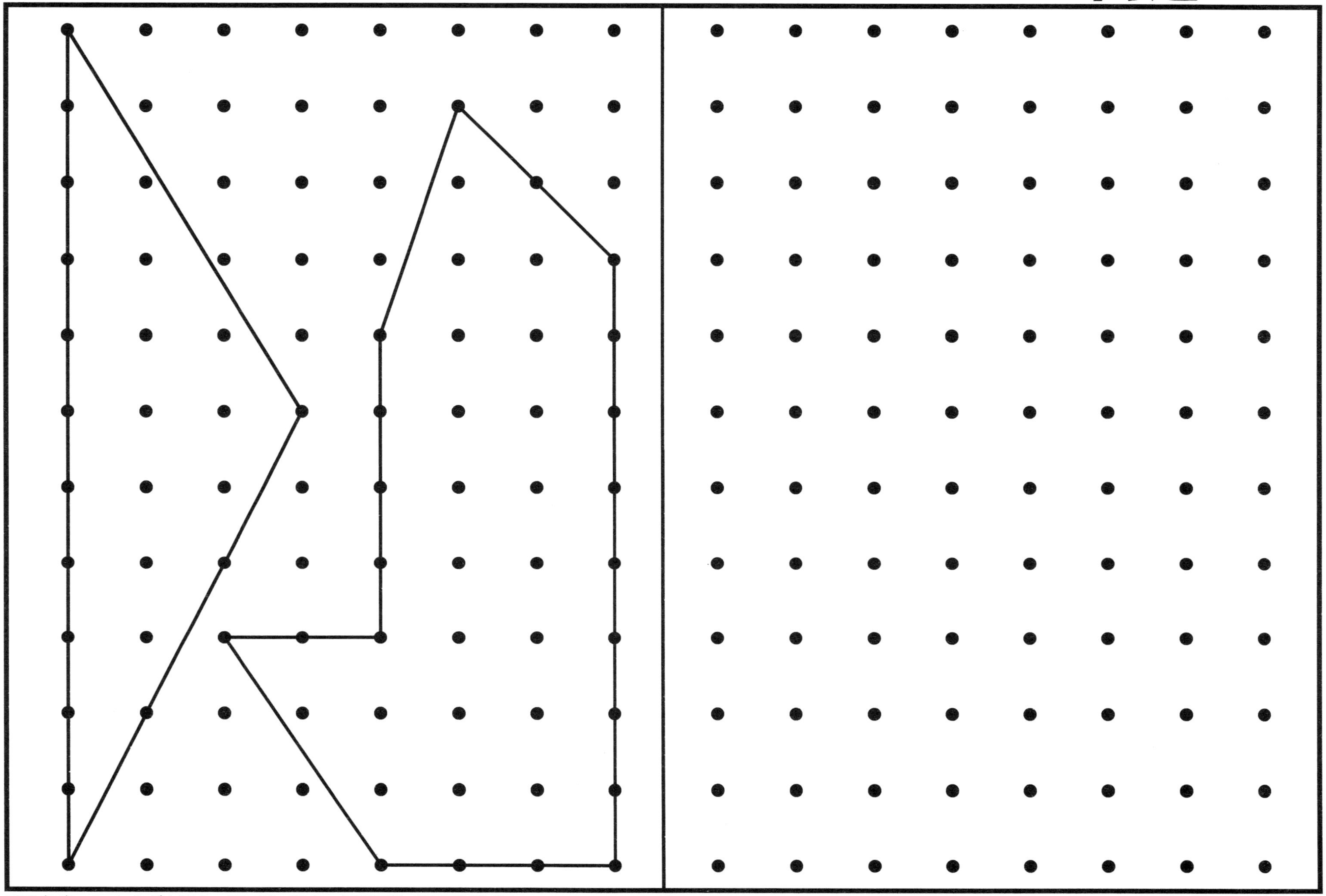

問題４４

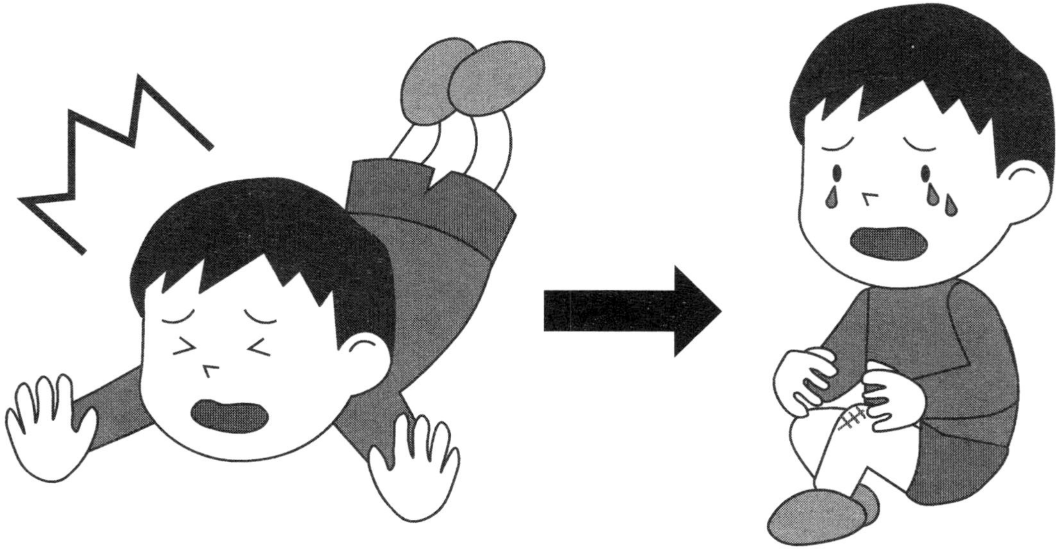

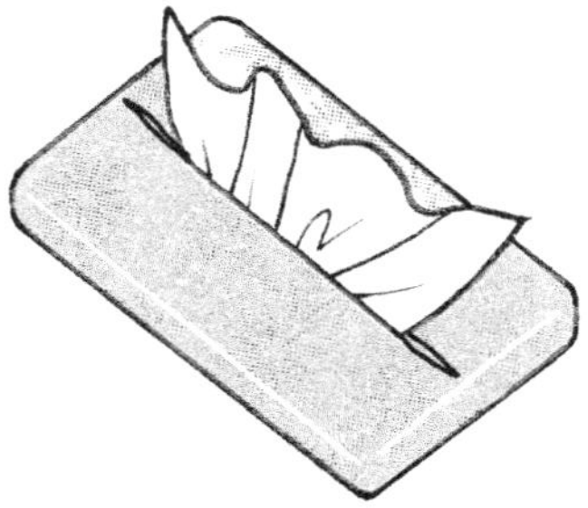

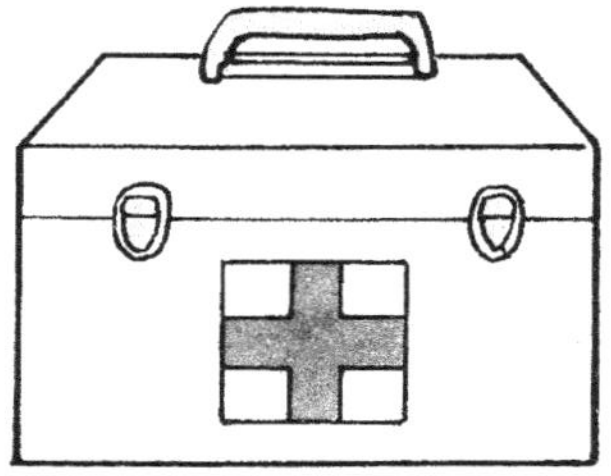

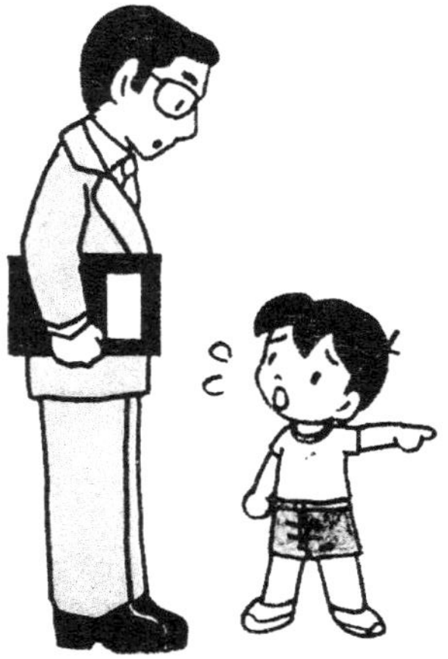

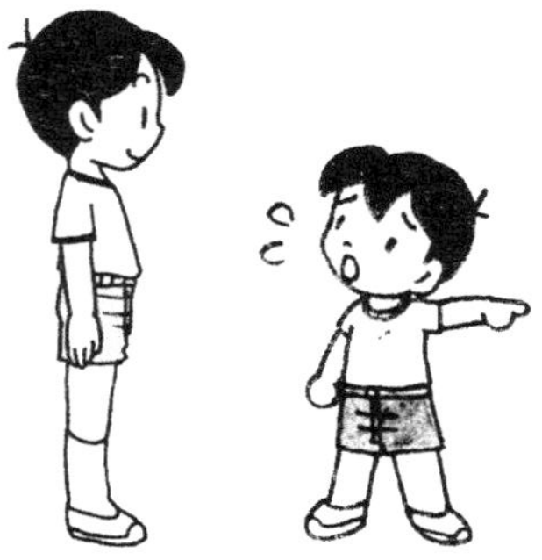

日本学習図書株式会社

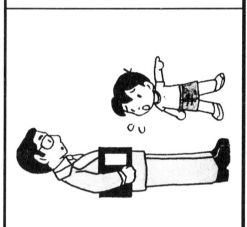

問題４５

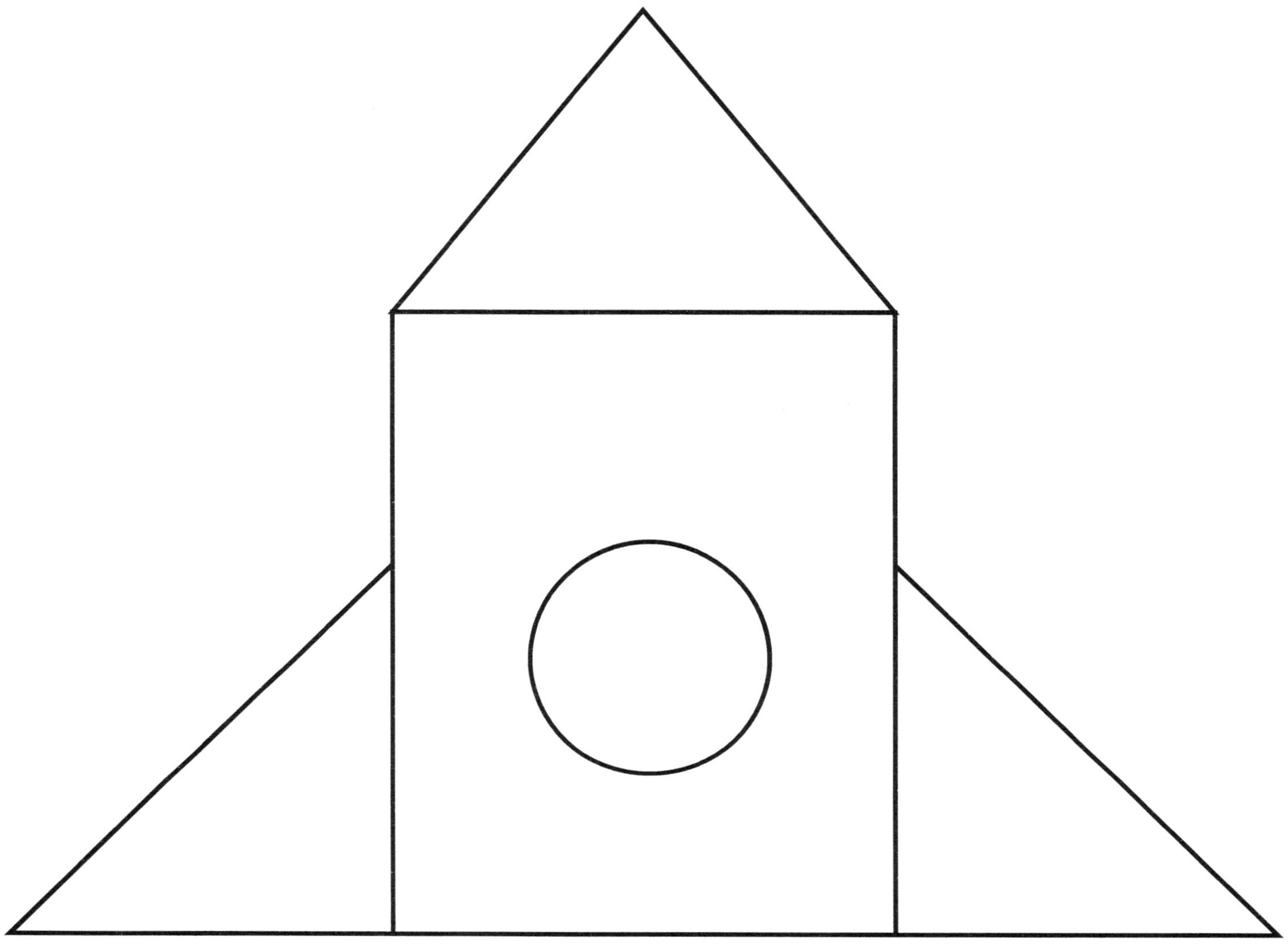

日本学習図書株式会社

朝日塾小学校　専用注文書

年　　月　　日

合格のための問題集ベスト・セレクション

＊入試頻出分野ベスト３

1st　常　識：集中力　聞く力　知　識

2nd　数　量：聞く力　思考力

3rd　図　形：集中力　思考力　観察力

当校のペーパーテストは、常識・数量・図形など幅広い分野から出題されます。お話の記憶の問題が例年出題されているので、特に重点を置いて学習に取り組むとよいでしょう。

分野	書　名	価格(税込)	注文	分野	書　名	価格(税込)	注文
図形	Ｊｒ・ウォッチャー１「点・線図形」	1,650円	冊	巧緻性	Ｊｒ・ウォッチャー51「運筆①」	1,650円	冊
常識	Ｊｒ・ウォッチャー11「いろいろな仲間」	1,650円	冊	巧緻性	Ｊｒ・ウォッチャー52「運筆②」	1,650円	冊
数量	Ｊｒ・ウォッチャー15「比較」	1,650円	冊		１話５分の読み聞かせお話集①②	1,980円	各　冊
数量	Ｊｒ・ウォッチャー16「積み木」	1,650円	冊		１話７分の読み聞かせお話集入試実践編①	1,980円	冊
言語	Ｊｒ・ウォッチャー18「いろいろな言葉」	1,650円	冊		お話の記憶 初級編・中級編	2,200円	各　冊
記憶	Ｊｒ・ウォッチャー19「お話の記憶」	1,650円	冊		実践 ゆびさきトレーニング①②③	2,750円	各　冊
記憶	Ｊｒ・ウォッチャー21「お話作り」	1,650円	冊		小学校受験で知っておくべき125のこと	2,860円	冊
巧緻性	Ｊｒ・ウォッチャー23「切る・貼る・塗る」	1,650円	冊		新 小学校受験の入試面接Ｑ＆Ａ	2,860円	冊
観察	Ｊｒ・ウォッチャー30「生活習慣」	1,650円	冊		新 願書・アンケート文例集500	2,860円	冊
常識	Ｊｒ・ウォッチャー34「季節」	1,650円	冊		保護者の悩みＱ＆Ａ	2,860円	冊
数量	Ｊｒ・ウォッチャー37「選んで数える」	1,650円	冊		小学校受験入門　願書の書き方から面接まで	2,750円	冊
数量	Ｊｒ・ウォッチャー38「たし算・ひき算１」	1,650円	冊				
数量	Ｊｒ・ウォッチャー40「数を分ける」	1,650円	冊				
言語	Ｊｒ・ウォッチャー49「しりとり」	1,650円	冊				

合計	冊	円

（フリガナ） 氏　名	電　話 ＦＡＸ E-mail
住 所　〒　　　－	以前にご注文されたことはございますか。 有　・　無

★お近くの書店、または記載の電話・FAX・ホームページにてご注文をお受けしております。
　電話：03-5261-8951　FAX：03-5261-8953　代金は書籍合計金額＋送料がかかります。
　※なお、落丁・乱丁以外の理由による商品の返品・交換には応じかねます。
★ご記入頂いた個人に関する情報は、当社にて厳重に管理致します。なお、ご購入の商品発送の他に、当社発行の書籍案内、書籍に関する調査に使用させて頂く場合がございますので、予めご了承ください。

日本学習図書株式会社
http://www.nichigaku.jp

分野別 小学入試練習帳 ジュニアウォッチャー

1．点・線図形	小学校入試で出題頻度の高い『点・線図形』の模写を、難易度の低いものから段階別に幅広く練習することができるように構成。
2．座標	図形の位置模写という作業を、難易度の低いものから段階別に練習できるように構成。
3．パズル	様々なパズルの問題を難易度の低いものから段階別に練習できるように構成。
4．同図形探し	小学校入試で出題頻度の高い、同図形選びの問題を繰り返し練習できるように構成。
5．回転・展開	図形などを回転、または展開したとき、形がどのように変化するかを学習し、理解を深められるように構成。
6．系列	数、図形などの様々な系列問題を、難易度の低いものから段階別に練習できるように構成。
7．迷路	迷路の問題を繰り返し練習できるように構成。
8．対称	対称に関する問題を４つのテーマに分類し、各テーマごとに問題を段階別に練習できるように構成。
9．合成	図形の合成に関する問題を、難易度の低いものから段階別に練習できるように構成。
10．四方からの観察	もの（立体）を様々な角度から見て、どのように見えるかを推理する問題を段階別に整理し、１つの形式で複数の問題を練習できるように構成。
11．いろいろな仲間	ものや動物、植物の共通点を見つけ、分類していく問題を中心に構成。
12．日常生活	日常生活における様々な問題を６つのテーマに分類し、各テーマごとに一つの問題形式で複数の問題を練習できるように構成。
13．時間の流れ	『時間』に着目し、様々なものごとは、時間が経過するとどのように変化するのかということを学習し、理解できるように構成。
14．数える	様々なものを『数える』ことから、数の多少の判定やかけ算、わり算の基礎までを練習できるように構成。
15．比較	比較に関する問題を５つのテーマ（数、高さ、長さ、量、重さ）に分類し、各テーマごとに問題を段階別に練習できるように構成。
16．積み木	数える対象を積み木に限定した問題集。
17．言葉の音遊び	言葉の音に関する問題を５つのテーマに分類し、各テーマごとに問題を段階別に練習できるように構成。
18．いろいろな言葉	表現力をより豊かにするいろいろな言葉として、擬態語や擬声語、同音異義語、反意語、数詞を取り上げた問題集。
19．お話の記憶	お話を聴いてその内容を記憶、理解し、設問に答える形式の問題集。
20．見る記憶・聴く記憶	「見て憶える」「聴いて憶える」という『記憶』分野に特化した問題集。
21．お話作り	いくつかの絵を元にしてお話を作る練習をして、想像力を養うことができるように構成。
22．想像画	描かれてある形や景色に好きな絵を描くことにより、想像力を養うことができるように構成。
23．切る・貼る・塗る	小学校入試で出題頻度の高い、はさみやのりなどを用いた巧緻性の問題を繰り返し練習できるように構成。
24・絵画	小学校入試で出題頻度の高い、お絵かきやぬり絵などクレヨンやクーピーペンを用いた巧緻性の問題を繰り返し練習できるように構成。
25．生活巧緻性	小学校入試で出題頻度の高い日常生活の様々な場面における巧緻性の問題集。
26．文字・数字	ひらがなの清音、濁音、拗音、拗長音、促音と１～20までの数字に焦点を絞り、練習できるように構成。
27．理科	小学校入試で出題頻度が高くなりつつある理科の問題を集めた問題集。
28．運動	出題頻度の高い運動問題を種目別に分けて構成。
29．行動観察	項目ごとに問題提起をし、「このような時はどうか、あるいはどう対処するのか」の観点から問いかける形式の問題集。
30．生活習慣	学校から家庭に提起された問題と思って、一問一問絵を見ながら話し合い、考える形式の問題集。

31．推理思考	数、量、言語、常識（含理科、一般）など、諸々のジャンルから問題を構成し、近年の小学校入試問題傾向に沿って構成。
32．ブラックボックス	箱や筒の中を通ると、どのようなお約束でどのように変化するかを推理・思考する問題集。
33．シーソー	重さの違うものをシーソーに乗せた時どちらに傾くのか、またどうすればシーソーは釣り合うのかを思考する基礎的な問題集。
34．季節	様々な行事や植物などを季節別に分類できるように知識をつける問題集。
35．重ね図形	小学校入試で頻繁に出題されている「図形を重ね合わせてできる形」についての問題を集めました。
36．同数発見	様々な物を数え「同じ数」を発見し、数の多少の判断や数の認識の基礎を学べるように構成した問題集。
37．選んで数える	数の学習の基本となる、いろいろなものの数を正しく数える学習を行う問題集。
38．たし算・ひき算１	数字を使わず、たし算とひき算の基礎を身につけるための問題集。
39．たし算・ひき算２	数字を使わず、たし算とひき算の基礎を身につけるための問題集。
40．数を分ける	数を等しく分ける問題です。等しく分けたときに余りが出るものもあります。
41．数の構成	ある数がどのような数で構成されているか学んでいきます。
42．一対多の対応	一対一の対応から、一対多の対応まで、かけ算の考え方の基礎学習を行います。
43．数のやりとり	あげたり、もらったり、数の変化をしっかりと学びます。
44．見えない数	指定された条件から数を導き出します。
45．図形分割	図形の分割に関する問題集。パズルや合成の分野にも通じる様々な問題を集めました。
46．回転図形	「回転図形」に関する問題集。やさしい問題から始め、いくつかの代表的なパターンから、段階を踏んで学習できるよう編集されています。
47．座標の移動	「マス目の指示通りに移動する問題」と「指示された数だけ移動する問題」を収録。
48．鏡図形	鏡で左右反転させた時の見え方を考えます。平面図形から立体図形、文字、絵まで。
49．しりとり	すべての学習の基礎となる「言葉」を学ぶこと、特に「語彙」を増やすことに重点をおき、さまざまなタイプの「しりとり」問題を集めました。
50．観覧車	観覧車やメリーゴーラウンドなどを舞台にした「回転系列」の問題集。「推理思考」分野の問題ですが、要素として「図形」や「数量」も含みます。
51．運筆①	鉛筆の持ち方を学び、点線なぞり、お手本を見ながらの模写で、線を引く練習をします。
52．運筆②	運筆①からさらに発展し、「欠所補完」や「迷路」などを楽しみながら、より複雑な鉛筆運びを習得することを目指します。
53．四方からの観察 積み木編	積み木を使用した「四方からの観察」に関する問題を練習できるように構成。
54．図形の構成	見本の図形がどのような部分によって形づくられているかを考えます。
55．理科②	理科的知識に関する問題を集中して練習する「常識」分野の問題集。
56．マナーとルール	道路や駅、公共の場でのマナー、安全や衛生に関する常識を学べるように構成。
57．置き換え	さまざまな具体的・抽象的事象を記号で表す「置き換え」の問題を扱います。
58．比較②	長さ・高さ・体積・数などを数学的な知識を使わず、論理的に推測する「比較」の問題を練習できるように構成。
59．欠所補完	線と線のつながり、欠けた絵に当てはまるものなどを求める「欠所補完」に取り組める問題集です。
60．言葉の音（おん）	しりとり、決まった順番の音をつなげるなど、「言葉の音」に関する問題に取り組める練習問題集です。

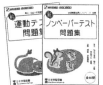

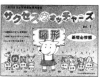

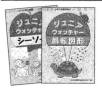

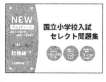

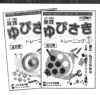

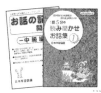

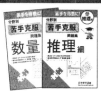

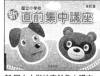

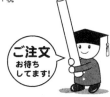

2022年度版　ノートルダム清心女子大学附属小学校
朝日塾小学校　過去問題集

発行日　2021年9月21日
発行所　〒162-0821 東京都新宿区津久戸町 3-11-9F
日本学習図書株式会社
電　話　03-5261-8951 ㈹

ISBN978-4-7761-5393-1

C6037 ¥2500E

定価　2,750円
（本体2,500円＋税10%）

9784776153931

1926037025009

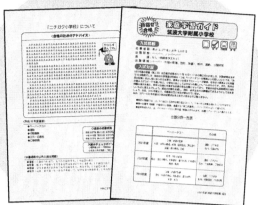